행복은 랠리
걱정은 스매싱

2년 만에 초심에서 B급 되기

하정윤 지음

행복은 랠리
걱정은 스매싱

셔틀콕에 담긴
3년 동안의 열정과 성장 이야기

하정윤 지음

도서출판
디자인21

Prologue

"행복은 랠리로, 걱정은 스매싱하자"

내 삶은 어느 날 갑자기 멈춰 섰다.

대학을 졸업한 후 20년 가까이 쉼 없이 앞만 보고 달려왔다. 목표를 향해 한순간도 멈추지 않았고, 숨 돌릴 여유조차 없었다. 그런데 2020년 겨울밤, 예기치 않은 순간에 쓰러졌다. 정신을 차리고 보니 나는 응급실 침대 위에 누워 있었다. 그 순간, 자신에게 물었다.

'나는 지금까지 무엇을 위해 살아왔던 걸까?'

몸은 무거웠고, 마음은 텅 비어 있었다. 목표를 향해 달려가는 것이 전부라고 믿어왔지만, 멈춰 선 그 자리에서 깨달았다. 더 이상 이렇게 살아서는 안 된다는 것을. 무언가 달라져야 했다. 그래서 나는 모든 것을 내려놓고, 다시 내 삶을 써 내려가야 했다.

몸을 회복하기 위해 산책과 등산을 시작했고, 철학 공부를 통해 마음을 다독였다. 그러던 중, 정말 우연한 계기로 배드민턴을 시작하게 되었다. 그리고 그 작은 변화가 내 삶을 완전히 바꿔 놓았다.

배드민턴을 시작한 후, 나는 다시 살아 숨 쉬는 기분을 느꼈다. 코트 위에서 셔틀콕을 쫓는 순간들은 한계를 넘어서는 도전의 기쁨을 알려주었다. 함께 뛰고, 땀 흘리고, 웃고, 때론 승패에 아쉬워하며 나누는 순간들은 내 삶에 새로운 의미와 힘을 선물해 주었다.

탁구, 테니스, 농구, 파크 골프 등 여러 생활체육이 있지만, 그중에서도 배드민턴은 속도감과 긴장감이 어우러진 특별한 매력을 지닌 스포츠다. 빠른 속도감과 순간적인 판단, 민첩성이 요구되는 경기, 셔틀콕을 날리는 손끝에서 전해지는 짜릿함. 그리고 파트너와 함께 엮어가는 긴 랠리 속 숨 막히는 긴장감. 한 번 빠져들면 쉽게 헤어 나올 수 없는 매력이 있다.

배드민턴을 시작한 지 어느덧 3년이 흘렀다. 그런데도 배드민턴의 매력은 여전히 끝이 없다. 이제는 초보자의 모습을 벗어나 B급 동호인으로 성장했지만, 나는 오늘도 더 나은 플레이를 위해 셔틀콕을 쫓으며 코트 위에서 열정의 땀을 흘린다. 그러나 이 여정에서 가장 큰 변화는 배드민턴 기술이 아니라, 배드민턴을 통해 삶을 바라보는 방식이 달라졌다는 점이다.

배드민턴은 내게 단순한 운동이 아니었다. 몸과 마음을 일으켜 세운 도전이자, 한계를 뛰어넘는 성장의 과정이며, 삶을 다시 살아가게 한 전환점이었다.

이 책은 내가 배드민턴과 함께한 3년의 여정을 담은 기록이다. 다시 라켓을 잡았던 순간부터 코트 위에서 흘린 땀, 배운 교훈, 그리고 함께한 사람들과의 소중한 추억들까지. 나의 이야기가 새로운 도전을 망설이는 누군가에게 작은 용기와 희망이 되기를 바란다.

누구나 쉽게 시작할 수 있는 배드민턴. 하지만 그 안에는 우리의 삶을 변화시킬 놀라운 힘이 숨어 있다. 이제, 셔틀콕과 함께한 나의 추억을 펼쳐 보려 한다.

Contents

Prologue

"행복은 랠리로, 걱정은 스매싱하자" 7

1장 13년 만에 셔틀콕과의 재회 / 15

짧았던 첫 만남 16
쓰러진 몸과 마음 일으키기 17
새로운 도전의 시작 21

2장 초보 탈출기: 8전 전패의 쓰라림이 첫 준우승의 기쁨으로 / 29

배드민턴 3개월 차, 깔창에 웬 구멍?! 30
첫 대회 출전은 얼음 땡 놀이 36
작고 꾸준한 노력이 만들어내는 성장 44

3장 1년 차_ 부상을 극복하고 기술과 체력의 균형을 맞추다 / 53

배드민턴 주요 부상을 빠짐없이 겪다 54
레슨으로 다듬는 기본기: 스매싱, 드라이브, 그리고 풋워크 60
주말 여수 정도관에서 쌓은 실전 경기력 67
경기력 향상을 위한 각종 훈련 74
영상 분석: 프로 선수들에게서 배우다. 77
이론적인 학습: 배드민턴 전술 교과서의 도움 81

4장 1년 6개월 차_ 대회 출전으로 실전 감각 키우기 / 85

주말마다 대회 도전, 실전 경기의 긴장감과 파트너십 86
승리의 기쁨과 패배의 아쉬움 90
배드민턴 대회는 나를 어떻게 변화시켰나? 95

5장 배드민턴을 즐기는 방법, 운동이 중심이 되는 관계의 힘 / 101

클럽 경기이사의 역할 102
땀과 열정의 작은 결실 118
SSF77 뱀띠 모임과 대회에서 만난 홀릭커들 121
배드민턴 대회와 함께하는 소박한 여행의 추억 126

6장 2년 차_ 2년 만에 초심에서 B급으로 도약, 이제는 A급을 향해 / 131

초심에서 B급으로 132
A급을 향한 도전과 계획 141

7장 나에게 배드민턴의 의미 / 145

배드민턴이 준 삶의 교훈: 열정, 끈기, 그리고 관계 146
제자가 전해준 손 편지:
"행복은 랠리로, 걱정은 스매싱으로" 149
대회와 일상의 교차 속에서 배운 것들 150

남녀노소 누구나 즐길 수 있는 배드민턴의 매력 154
배드민턴을 시작하고자 하는 당신에게 158
동호회에서 운동 200% 즐기는 방법 162
배드민턴, 즐겁게 오래 치기 위해 조심해야 할 것들! 164
배드민턴 초보자를 위한 빠른 실력 향상 가이드 166
대회 준비 체크리스트와 경기 정신력 관리법 172
핵심 경기 전략 – 승부를 지배하는 숨은 비법 176

Epilogue

처음 배드민턴을 시작하는 이들에게 전하고 싶은 말 182

1장

13년 만에
셔틀콕과의 재회

짧았던 첫 만남

배드민턴과의 첫 만남은 2008년으로 거슬러 올라간다. 당시 나는 일과 공부로 하루하루를 바쁘게 보내고 있었다. 그러던 중 지인의 권유로 우연히 배드민턴을 접하게 되었고, 그렇게 6개월 동안 코트를 찾았다. 바쁜 일상이었지만, 최소한 운동을 하는 그 순간만큼은 온전히 몰입할 수 있었다.

하지만 현실은 녹록지 않았다. 일과 공부를 병행하는 것은 생각보다 쉽지 않았고, 빡빡한 일정 속에서 운동할 시간은 점점 줄어들었다. 어느새 하루 이틀 빠지던 운동은 몇 주, 몇 달로 이어졌고, 배드민턴은 자연스럽게 내 삶에서 멀어져 갔다. 코트에서 땀을 흘리며 경기를 즐기던 순간들이 그리웠지만, 라켓은 점점 손이 닿지 않는 곳에서, 그리고 어느덧 보이지 않는 어두운 구석으로 들어갔다.

잠깐이었지만 좋은 기억을 남겼던 배드민턴을 멈춘 이후, 약 13년 동안 내 일상은 끝없이 밀려오는 일과 과제, 그리고 공부로 채워졌다. 건강을 돌볼 여유는 없었고, 40세가 되기 전까지 세운 목표를 이루기 위해 쉼 없이 달렸다. 운동은 나에게 사치처럼 밀려나 있었고, 쌓이고 쌓인 스트레스는 체중 증가와 무기력감이라는 형태로 되돌아왔다. 하지만 당시의 나는 그것을 대수롭지 않게 여겼다. 아니, 어쩌면 신경 쓸 여유조차 없었던 것인지도 모른다.

쓰러진 몸과 마음 일으키기

2020년 12월, 결국 나는 한계에 부딪혔다. 학교에서 쏟아지는 끝없는 업무, 연구 과제, 프로젝트 마감의 압박은 서서히 나를 잠식해 갔다. 쌓여 가는 스트레스는 마음을 무너뜨렸고, 지쳐가는 몸은 더 이상 버티기 어려웠다.

그러던 어느 날, 동료 교수들과의 모임 자리에서 갑작스럽게 머리가 핑 돌았다. '왜 이러지?' 하는 생각이 스치면서 나는 균형을 잃어 쓰러졌다. 정신을 차려보니 나는 차가운 바닥 위에 쓰러져 있었다. 모든 것이 멈춘 듯한 순간, 나를 지탱하던 마지막 힘조차 사라져 버렸다는 것을 깨달았다.

몸뿐만 아니라 마음 역시 고갈 상태에 이르렀다. 단순한 휴식으로는 채워지지 않는 공허함과 피로가 남아 있었다. 더 이상 외면할 수 없다는 것을 깨달은 순간, 나는 비로소 인정했다. 지금 필요한 것은 잠깐의 쉼이 아닌, 근본적인 회복이었다.

무너진 마음과 지친 몸을 동시에 돌볼 방법이 필요했다. 나는 너무 오랫동안 자신을 뒷전으로 미뤄왔고, 그 결과가 바로 이 지점이라는 것을 부정할 수 없었다. 이제는 진짜 나를 위한 변화가 절실했다.

무너진 나를 다시 세우기 위해서는, 삶을 다시 정비해야 했다. 깊은 고민 끝에 내가 선택한 것은 철학 공부와 등산이었다. 어릴 적부터 막연한 흥미로 가슴 한켠에 자리 잡고 있었던 철학, 하지만 늘 바쁘다는 이유로 미뤄두었던 그 공부를 이제야 진지하게 마주하기로 했다. 철학책을 펼치는 순간, 나는 마치 오랜만에 고요한 거울 앞에 선 기분이었다. 고대 그리스 철학부터 인도 불교 철학, 그리고 현대 철학에 이르기까지 여러 사상 속을 여행하며, 나는 삶을 바라보는 새로운 시선을 배우기 시작했다. “진정한 행복이란 무엇인가?", "삶의 의미는 어디에 있는가?" 같은 질문들을 자신에게 던지며, 마음 깊은 곳을 헤집었다.

철학은 정답을 알려주지는 않았지만, 내게 가장 중요한 깨달음을 선물해 주었다. 그것은 바로 나를 바라보는 방법이었다. 나는 그동안 나만의 소중한 목소리를 외면한 채, 타인의 기대와 요구를 채우는 일에만 몰두하고 있었다. 마치 타인에게 인정받기 위해 사는 것이 나의 존재 이유인 듯, 자신을 끊임없이 몰아붙이며 진짜 나의 마음은 점점 더 멀리 밀어냈다.

철학을 통한 사유의 여정은 그런 나를 냉정하게 마주하게 했다. 내가 얼마나 자신을 혹사해 왔는지, 그리고 그로 인해 얼마나 많은 것을 놓쳐 왔는지를 깨닫는 순간, 진정한 나를 발견하기 위해서는 이제라도 멈추고 돌아봐야 한다는, 너무도 단순하지만 중요한 진실을 그제야 인식할 수 있었다.

책장을 넘기며 문득 깨달았다. 인생의 답은 멀리 있지 않았다. 화려한 성공이나 누군가의 인정 속에 있는 것이 아니었다. 그것은 늘 곁에 있었지만, 바쁘다는 이유로 외면했던 바로 그곳—나 자신과의 솔직한 대화 속에 있었다.

그리고 나와의 대화가 조용히 시작되는 순간, 나는 비로소 조금씩 나를 회복해 가고 있었다. 무너졌던 마음의 균형이 다시 맞춰지기 시작했고, 잊고 지냈던 내 안의 진짜 목소리가 조금씩 들려오기 시작했다. 삶은 결국, 나를 잃지 않는 여정이라는 것을 깨닫게 된 순간이었다.

하지만 사유만으로는 부족했다. 머릿속에 울리는 깨달음을 되새겨도, 무너진 몸은 여전히 무거웠다. 생각을 넘어, 이제는 움직여야 했다. 그래서 나는 등산을 시작했다.

처음에는 한 시간 남짓 오르는 것조차 숨이 차고 버거웠다. 다리가 무겁고 숨이 가빠질수록 '여기까지만 할까?' 하는 유혹이 밀려왔지만, 그럴수록 오히려 한 걸음 더 내디뎠다. 작은 목표를 세우고, 그 목표를 향해 한 걸음씩 올라가는 과정을 반복했다. 그렇게 꾸준히 산을 오르며 나는 조금씩 나를 다시 세워갔다.

그러던 중, '블랙야크 100대 명산 프로젝트'에 도전하기로 결심했다. 처음에는 단순한 목표였지만, 점차 이 도전은 내 삶의 중요한 전환점이 되었다. 하나의 산을 정복할 때마다 쌓이는 자신감, 고된 숨을 몰아쉬며 정상에 도달했을 때 가슴을 가득 채우는 그 탁 트인 풍경—그 순간만큼은 나를 억누르던 모든 무게가 사라지는 듯했다.

산 정상에서 흘린 땀은 나를 정화하는 과정이었다. 산은 매번 말이 없었지만늘 새로움을 내게 보여주었다. 포기하지 않고 오른 만큼 내 안의 두려움은 사라졌다. 등산은 지쳐 있던 내 몸을 되찾는 과정이었고, 무너졌던 삶의 균형을 다시 맞춰 가는 여정이었다. 그리고 등반의 오르막 내리막길에서 나는 조금씩, 그러나 분명히 진짜 나를 만날 수 있었다.

새로운 도전의 시작

바쁘게 살아온 지난날, '운동'이라는 단어는 내 삶에서 사라졌다. 업무와 연구 등, 끝없이 이어지는 마감 일정 속에서 몸을 움직인다는 것은 사치처럼 느껴졌다. 등산을 통해 잠시나마 몸을 움직일 수 있었지만, 심장이 두근거릴 만큼 몰입했던 운동의 기억은 희미해져 있었다.

그러던 어느 날, 뜻밖의 기회가 찾아왔다.
건강을 조금씩 되찾으며 일상에 여유가 깃들 무렵, 배드민턴이 내 앞에 다시 나타났다. 30대 초반, 잠시 즐겼던 배드민턴. 그 이후 10년 넘게 라켓이 담긴 가방은 단 한 번도 열어보지 않은 채 집 한구석에서 먼지만 쌓여 있었다. 과거의 기억은 흐릿했지만, 라켓을 쥐고 셔틀콕을 치던 짧은 순간들이 어렴풋이 떠올랐다.

그런데 어느 날, 같은 학교에서 근무하던 교수님이 배드민턴을 즐긴다는 사실을 우연히 알게 되었다. 가벼운 대화 끝에 자연스럽게 약속이 잡혔고, 우리는 순천시에 있는 국민체육센터로 향했다. 라켓을 다시 손에 쥐는 순간, 묘한 설렘과 긴장감이 동시에 밀려왔다. 그렇게 아무렇지 않게 시작한 그날이, 내 삶에 또 한 번의 새로운 도전의 시작이 되리라는 것을, 그때는 미처 몰랐다. 하지만 마치 오래전부터 나를 기다리고 있었던 무언가를 다시 만난 느낌이었다.

"예전에 배드민턴 하셨다면서요? 다시 한번 제대로 해보는

게 어때요?"

그 짧은 말이 내 안에서 잠들어 있던 무언가를 깨웠다. 그날 밤, 나는 오래도록 잊고 지냈던 배드민턴 가방을 조심스럽게 다시 꺼냈다. 먼지와 세월의 흔적 속에 고요히 잠들어 있었다. 지퍼를 여는 순간, 코끝을 찌르는 퀴퀴한 냄새가 퍼졌다. 손때 묻은 라켓의 그립은 바스러져 가루처럼 흩어졌고, 늘 함께했던 운동화는 낡고 빛이 바래 있었다. 나는 그 자리에서 한동안 멍하니 서 있었다.

'과연 내가 다시 할 수 있을까?'

의심과 두려움이 스쳐 갔지만, 그 질문은 곧 또 다른 감정으로 뒤바뀌었다. 가방을 다시 닫아버리기에는 가슴속 깊은 곳에서 무언가가 꿈틀거리고 있었다. 그것은 바로, 오랫동안 잠들어 있던 나의 열정이었다. 다시 시작하고 싶은 작은 용기가 나를 일으켜 세웠다.

나는 어색하게 그립을 새로 감고 라켓을 손에 잡았다. 그 순간, 묵직한 감각이 손끝을 타고 전해졌다. 그리고 결심했다. 다시 시작해보자. 다음 날 망설임 없이 배드민턴클럽을 찾기로 했다.

코로나19의 긴 터널이 끝나가던 시점이었지만, 순천 시내 대부분의 배드민턴클럽은 아직 문을 닫고 있었다. 하지만 운명처럼, 집 근처에 있는 '순천 남산 배드민턴클럽'은 여전히 체육관을 열고 있었다. 망설일 이유가 없었다. 나는 곧바로 가입했고, 그렇게 오랜 시간 잊고 지냈던 코트 위에 다시 섰다.

처음 체육관을 방문한 날, 모든 것이 낯설고 어색했다. 라켓을 잡는 감각은 오래된 기억처럼 희미했다. 라켓을 쥔 손은 어색했고, 움직임은 어설펐지만, 이상하게도 가슴 한편이 설렘으로 찼다. 마치 오랫동안 잊고 지냈던 나의 일부가 다시 깨어나는 듯한 느낌이었다.

하지만 이내 상황은 급반전. 마스크를 쓴 채 라켓을 들고 난타를 시작했다. 처음엔 가볍게 스윙하는 정도였지만, 몇 분이 지나자 팔이 무거워지고 숨이 차오르기 시작했다. 셔틀콕은 나를 외면했고, 스텝은 엉성하기 그지없었다. 채 오 분도 되지 않아 나는 제자리로 돌아와 거친 숨을 몰아쉬었다.

"괜찮아요?"

옆에서 가쁜 숨을 내쉬는 내 모습을 본 한 회원이 걱정스러운 눈빛으로 물었다. 나는 어색한 웃음을 지으며 고개를 끄덕였다. 하지만 솔직히 말하자면, 숨이 턱까지 차올라 당장이라도 바닥에 주저앉고 싶었다. 등산으로 체력을 회복했다고 생각했지만, 배드민턴의 속도와 강도는 예상 이상이었다. 코트를 뛰어다니는 것은 산을 오르는 것과는 차원이 달랐다.

'이렇게까지 체력이 바닥이라니.... 이 운동을 계속할 수 있을까?'

배드민턴을 시작한 시점에, 나는 분명한 약점을 지니고 있었다. 오랜 시간 운동과 거리를 두고 살아온 탓에 빠른 움직임이 필요한 배드민턴 체력이 부족했다. 부끄러움과 동시에, 성급하게 시작한 게 아닐까 하는 후회가 밀려왔다. 그러나 포기하고 싶지는 않았다. 오히려 더 잘하고 싶었다.

다른 동호인들은 박진감 넘치는 랠리를 주고받으며, 선수 못지않은 실력을 뽐냈다. 하지만 나는? 셔틀콕이 빠르게 오가는 사이, 한발 늦게 반응하며 허둥대기 일쑤였다. 스텝

은 굼뜨고, 스윙은 엉성했다. '나는 언제쯤 저렇게 칠 수 있을까?'

그럼에도 불구하고, 나는 포기하지 않았다. 배드민턴에 필요한 기초 체력은 부족했지만, 내 안의 열정과 집중력만큼은 예전 그대로였다. 나는 꾸준히 레슨을 받으며 기본기부터 하나씩 다져나갔다. 코치님은 기본자세부터 차근차근 설명해주셨지만, 내 몸은 쉽게 따라주지 않았다. 날아오는 셔틀콕에 맞춰 움직이는 반응은 늦었다.

좌절이 밀려올 때마다 자신에게 말했다. '잘하는 사람들도 처음부터 잘한 건 아니잖아.' 그러고는 다시 라켓을 들었다. 멈추지 않았다. 코치님의 조언을 떠올리며 스윙에 집중했고, 셔틀콕의 궤적을 예측하는 연습을 반복했다.

"하나둘 셋 스텝을 밟고, 시선은 셔틀콕을 향하고!"
코트 위에서의 작은 움직임들이 쌓여, 점차 내 몸은 배드민턴의 리듬을 기억하기 시작했다. 체육관 한쪽에 설치된 농구 골대의 그물망을 목표 삼아 셔틀콕을 정확히 맞히는 연습도 했다. 반복되는 동작이 지루하게 느껴질 법도 했지만,

그 속에서 나는 작은 성취의 기쁨을 발견했다. 한 번, 두 번, 셔틀콕이 정확히 타구 될 때마다 내 안의 자신감이 조금씩 자라났다.

처음에는 동작 하나하나를 교정하는 것이 힘겨웠지만, 차츰 몸이 적응해 갔다. 숨이 차오르고, 근육이 뻐근해질수록 오히려 더 선명하게 느껴졌다. “나는 살아 있다.” 땀으로 젖은 내 몸과 거친 숨소리 속에서 나는 진짜 ‘나’와 마주하고 있었다. 땀을 흘릴수록 몸은 점점 가벼워졌고, 마음도 개운해졌다. 무엇보다도 오랜만에 순수하게 몰입할 수 있는 무언가를 찾았다는 점이 기뻤다. 성장은 거창한 순간이 아니라, 이런 평범한 순간들의 반복 속에서 이루어진다는 것. 나는 매일 그렇게, 어제보다 조금 더 나은 나를 만들어가고 있었다.

다시 시작하는 데 필요한 것은 완벽한 준비가 아니었다. 필요한 것은 오직 한 걸음 내딛는 용기였다. 그리고 나는 그 한 걸음을, 체육관 코트 위에서 내디뎠다. 서툴러도 괜찮았다. 중요한 것은 멈추지 않고 다시 시작하는 것, 그 자체였으니까.

2장

초보 탈출기:
8전 전패의 쓰라림이
첫 준우승의 기쁨으로

배드민턴 3개월 차, 깔창에 웬 구멍?!

배드민턴을 시작한 지 3개월쯤 되었을 때, 나는 하루라도 체육관에 가지 않으면 몸이 근질거렸다. 어느새 배드민턴은 내 삶의 일부로 자리 잡고 있었다. 그렇게 열정적으로 코트를 누비던 어느 날, 이상한 느낌이 들기 시작했다.

경기 도중, 자꾸만 발이 미끄러지는 것 같은 기분.
"바닥이 미끄러운 건가?"
대수롭지 않게 넘겼지만, 주위를 둘러보니 다른 사람들은 아무렇지 않게 잘 뛰고 있었다.

이상하다. 왜 나만 이러지?
잠깐 쉬는 시간, 궁금한 마음에 신발을 벗고 깔창을 꺼내 보았다.
그리고 그 순간, 나도 모르게 웃음이 터졌다.

"...뭐야 이거?"
깔창을 들여다보니, 오른쪽 엄지발가락 부분이 동그랗게 닳아 구멍이 나 있었다. 마치 내 발가락이 오랜 시간 동안 쉼 없이 움직이며 깔창을 파낸 듯한 모습이었다. 옆에서 지켜보던 동호인들도 그 모습을 보고 한바탕 웃음을 터뜨렸다.

“야, 진짜 열심히 하긴 했구나!”
작은 구멍 하나가 내 노력을 증명해 주는 것 같아, 이상하게 뿌듯했다. 그리고 그 구멍은, 내가 배드민턴에 얼마나 빠져 있었는지를 보여주는 작은 훈장 같았다.

알고 보니, 배드민턴을 열심히 치는 사람들은 대부분 엄지발가락 부분이 닳기 시작한다고 했다. 빠른 풋워크와 순간

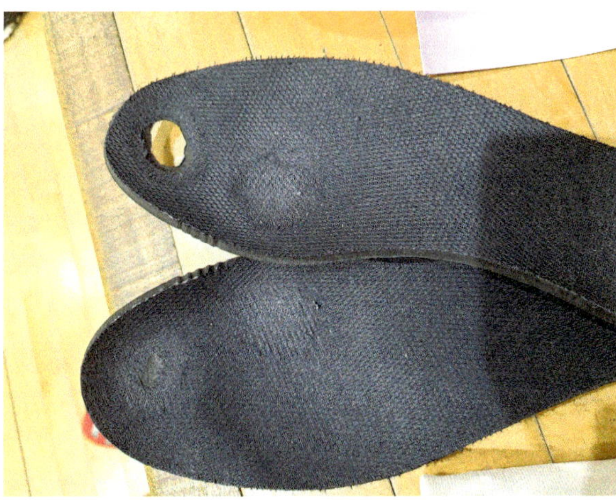

배드민턴 입문 3개월 만에 구멍이 난 깔창

적인 스텝을 반복하다 보면 자연스럽게 생기는 흔적이라는 것이다.

나는 어이없으면서도 묘하게 뿌듯했다.
'이게 바로 열정의 흔적이구나!'

그렇게 나는 깔창에 난 구멍을 자랑스럽게 사진으로 남겼다. 그 작은 구멍 하나에 땀과 노력의 시간이 고스란히 담겨 있었으니까. 그리고 그날 밤, 운동을 마친 뒤 다이소에 들러 새 깔창을 사서 운동화에 끼워 넣었다. 마치 다시 시작하는 나만의 작은 의식처럼.

그리고 마침내, 배드민턴을 시작한 지 몇 달이 흐른 어느 날.
연습 경기 도중, 예상치 못한 순간이 찾아왔다.
상대가 강하게 내 코트 구석으로 셔틀콕을 보냈다. 본능적으로 몸이 반응했다.

한 발. 두 발.
빠르게 코트를 가로지르며 셔틀콕을 따라갔다.

발끝이 코트에 닿을 때마다 그동안 수없이 반복했던 스텝

이 몸에 밴 듯 자연스럽게 이어졌다. 공을 받아내고 다시 돌아오는 셔틀콕을 향해, 숨을 고를 틈도 없이 라켓을 힘껏 휘둘렀다.

퍽! 셔틀콕이 정확히 라켓 중앙에 맞으며 경쾌한 타격 소리와 함께 코트 바닥에 꽂혔다. 순간, 나는 그 자리에 멈춰 섰다. 손끝으로 전해지는 짜릿한 타구감. 마치 전류가 흐르는 듯한 그 강렬한 손맛을, 나는 천천히 곱씹었다. 숨은 가빴지만, 마음은 이상하리만큼 차분했다.

아직은 드물게 나오는 장면이었지만, 그 순간만큼은 분명했다.

'아, 나도 할 수 있겠구나.'
그동안의 땀과 노력, 그리고 깔창에 남은 작은 구멍까지—
모든 것이 나를 이곳으로 이끌어준 흔적이었다.
그날 이후, 배드민턴은 더 이상 단순한 취미가 아니었다.
나를 성장시키는 또 하나의 여정이 되었다.

체육관에서 매일 동호인들과 하는 경기에서 이겼느냐는 내게 그리 중요하지 않았다. 진짜 중요한 것은, 어제의 나보다 얼마나 더 나아졌는가였다.

처음 배드민턴을 시작했을 때, 셔틀콕이 날아오면 허둥지둥 하며 겨우 라켓에 맞히기에 바빴다. 그리고 셔틀콕이 네트를 넘어오면 나는 발의 움직임은 둔해졌다. 하지만 이제는 조금 달라졌다.

셔틀콕이 날아오면, 나는 그 궤적을 읽고 예상할 수 있었다. 라켓을 휘두르는 순간, 더 이상 우연이 아닌, 내가 원하는 방향으로 셔틀콕을 보내는 것이 가능해졌다.
랠리가 길어질수록 집중력은 오히려 더 선명해졌고, 코트 위에서의 움직임은 몸에 자연스럽게 배어들었다.

클럽 동료들은 내 발전 속도가 빠르다고 칭찬했다.
"요즘 정말 많이 늘었어요!"
그 한마디는 작은 칭찬만이 아니었다. 그 말은 내 노력의 흔적을 알아봐 준 증거였고, 더 나아가고 싶은 동기부여가 되었다.

배드민턴을 처음 시작했을 때, 사실 나는 내 한계가 두려웠다. "내가 과연 이 운동을 오래도록 잘할 수 있을까?" 체력은 부족했고, 운동신경도 남들보다 특별히 뛰어나지 않았다. 나는 어쩌면 금방 포기할지도 모른다고 생각했다.

하지만 이제는 안다. 배드민턴은 끈기와 노력으로 자신을 변화시켜 가는 과정이다. 그리고 그 과정을 통해 나는 조금씩, 그러나 확실하게 더 나은 나를 만나고 있었다.

처음에는 한 게임만 해도 숨이 턱 끝까지 차올랐다. 다리가 무겁고, 근육이 타오르는 느낌이었다. 하지만 몇 게임을 연달아 뛰어도 버틸 수 있는 체력이 생겼고, 끝까지 집중력을 유지하는 힘도 길러졌다.

그리고 무엇보다 중요한 변화는 따로 있었다. 나는 점점 더 배드민턴을 즐기고 있다는 것. 더 이상 '운동을 해야 한다'라는 의무감이 아닌, 코트 위에서 땀을 흘리고, 한 걸음 더 나아가는 그 과정 자체가 즐거움이 되었다. 결국, 성장은 승패로 측정되는 것이 아니었다. 이기는 순간보다, 포기하지 않고 나를 넘어서려 했던 모든 순간이 진짜 성장을 만들어주고 있었다.

그렇게 배드민턴은 내 삶에서 또 하나의 중요한 여정이 되었다. 결과보다 중요한 건 늘 그 과정에 있었다. 그리고 나는, 그 과정을 즐기고 있었다.

나는 배드민턴을 통해 또 다른 도전을 꿈꾸기 시작했다. 단순히 체력을 기르는 것을 넘어, 새로운 기술을 익히고, 더 긴 랠리를 만들고 싶었다. 나는 아직 부족한 점이 많았지만, 확신할 수 있었다. 배드민턴을 통해, 나는 계속해서 성장할 것이고, 앞으로 더 나은 나를 만날 수 있으리라는 것을.

첫 대회 출전은 얼음 땡 놀이

배드민턴을 시작한 지 5개월.
꾸준한 레슨과 연습 덕분에 이제는 어느 정도 랠리를 주고받을 수 있는 실력이 되었다. 하이클리어는 제법 힘 있고 빠르게 칠 수 있었고, 스매싱도 가끔은 제대로 꽂힐 때가 있었다. 어설프나마 네트 앞에 살짝 떨어지는 드롭샷도 성공하며 자신감이 차곡차곡 쌓여 갔다. 라켓을 쥔 손에선 이제 더 이상 낯섦이 아닌, 익숙함과 약간의 자신감이 묻어났다.

연습은 충분했다.

이제 실전 경험이 필요했다. 그러던 어느 날, 마침 순천시 관내에서 배드민턴 대회 초심부 참가 신청이 시작되었다. 주저할 이유가 없었다. 나는 망설임 없이 출전을 결심하고 클럽 경기이사에게 신청했다.

솔직히 말하면, 속으로는 이런 생각도 했다.

'이거, 혹시 첫 대회에서 우승까지 하는 거 아냐?'

머릿속에서는 이미 시나리오가 완벽했다.

"처음 출전한 대회에서 우승한 동호인"이라는 타이틀을 상상하며 혼자 흐뭇한 미소를 짓기도 했다. 클럽에서는 초심부치곤 나름 잘한다고 칭찬을 듣고 있었으니, 대회에서 충분히 통할 거라고 믿어 의심치 않았다.

하지만—

그 모든 것은,

내 안에서만 존재하는 완벽한 착각이었다.

대회 날의 현실은 생각보다 훨씬 냉정했다. 대형 체육관에 들어서는 순간, 클럽 체육관과는 너무나 다른 분위기가 나를 압도했다. 대회의 메인 구장인 순천시 팔마 체육관 안에는 쉴 새 없이 울리는 셔틀콕의 타구음, 여기저기서 들려오는 화이팅 소리! 그리고 숨소리마저 날카롭게 느껴지는 긴장감이 맴돌았다.

초심부라고 해서 다들 나처럼 초보일 거라고 생각했던 기대는 그 순간 산산이 부서졌다. 경기 시작 전, 옆 코트에서 준비운동을 하는 참가자들을 보며 나는 깨달았다. '저 사람들이 진짜 초심부 맞아? 왜 이렇게 잘해?'

생활체육 배드민턴 대회는 조별 예선과 본선 토너먼트 방식으로 진행한다. 보통 3개 팀이 1개 조로 편성되어 예선전을 치르며, 각 팀은 2경기를 치르는데, 경기는 25점 단 세트로 진행하며, 듀스 없이 먼저 25점을 선취하는 팀이 승리한다. 예선 결과에 따라 각 조의 상위 2개 팀이 본선에 진출!

경기 시작 전, 나는 내가 경기할 코트 뒤에서 내 차례를 기다리며 서 있었다. 그런데 심장이 점점 빠르게 뛰었고, 가슴안에서 둥둥 울리는 소리가 귀까지 차올랐다. 숨이 거칠게 이어졌고, 손끝은 서늘해졌다. 알 수 없는 불안이 땀으로 배어 나오기 시작했다.

마침내 앞 경기 종료! 나는 무거운 발걸음으로 코트 안으로 들어섰다. '연습 때처럼 하면 돼. 화이팅!' 응원 나온 클럽 회원들이 관중석에서 힘을 실어 주었다. 나도 그 소리를 듣고 마음을 다잡자 애썼지만, 몸은 이미 얼어붙어 있었다. 라켓을 쥔 손에는 힘이 들어갔고, 발은 무거운 무쇠 추를 단 듯 잘 움직이지 않았다.

"왜 이렇게 몸이 말을 안 듣지?"
순간 머릿속이 하얘졌다. 마치 낯선 무대 위에 홀로 선 배우처럼,
모든 시선이 나에게 쏟아지는 것 같았다. 나는 작게 숨을 들이쉬고 다시 라켓을 쥐어봤다. 떨리는 손끝 너머로, 여전히 셔틀콕은 나를 외면하는 듯했다. 경기는 빠르게 끝났다. 점수판을 넘기는 심판은 잔인하리만큼 솔직했고, 나는 패배라는 결과를 받아들여야 했다.

어이가 없었다. 연습 때는 잘 맞던 셔틀콕이 코트 안으로

들어가기는커녕 엉뚱한 곳으로 날아갔다. 스윙은 어색했고, 셔틀콕은 무심하게도 코트 밖으로 날아갔다. 실점이 쌓여서, 결국 나는 더블 스코어 점수 차로 완패했다. 그리고 두 번째 예선 경기에서도... 또 패배.

처음 대회에 나가 우승하고 포효하는 내 모습을 상상했었는데, 그게 얼마나 터무니없는 꿈이었는지 깨닫는 순간이었다. '첫 승은커녕, 제대로 점수를 따기조차 이렇게 어렵다니.' 기대와는 전혀 다른 결과에 마음이 무거워졌다. 경기가 끝나고, 나는 깊은 한숨과 함께 코트를 빠져나왔다. 고개를 숙인 채, 아무 말도 할 수 없었다. 그런데 그때, 클럽 동료들이 다가와 내 어깨를 툭툭 두드리며 격려했다.
"괜찮아! 첫 대회는 다 그런 거야. 다음엔 '땡!' 하고 제대로 보여주면 되지!" 그 말에 무거웠던 마음이 조금은 가벼워지는 듯했다.

쓰라린 패배였지만, 이상하게도, 끝나고 나니 마음 한구석이 묘하게 가벼웠다. '이게 끝이 아니잖아.' 첫 대회니까 긴장할 수도 있지. 처음부터 완벽할 필요는 없잖아. 거품 가득했던 나만의 착각은 사라지고, 그 자리에 진짜 목표와 열정이

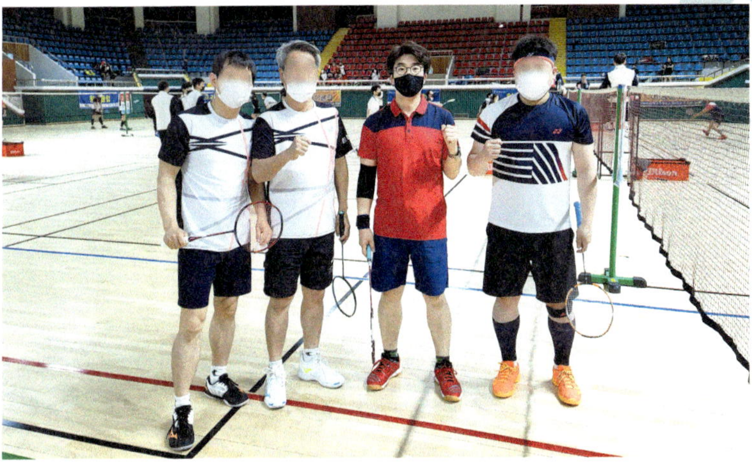

배드민턴 재입문 5개월 만에 처음 출전한
제7회 순천시협회장기 배드민턴 대회(2022년 5월 8일)

남았다. 그리고 나는 다시 라켓을 움켜쥐었다. 더 단단한 나를 만들어줄, 다음 경기를 위해. 진짜 배드민턴은 지금부터 시작이라는 것을.

첫 대회를 허무하게 마친 뒤, 나는 다시 연습에 매달렸다.

"다음 대회에는 다르겠지."

자신을 다독이며 라켓을 쥐었고, 코트 위에서 구슬땀을 흘렸다. 하지만 예상과 달리, 승리의 소식은 쉽게 찾아오지 않았다.

이후 출전한 3개 대회에서도 연속 예선 탈락,
결국 나는 8전 전패라는 초라한 기록만을 남겼다.
익숙한 클럽에서 자주 경기하는 동호회 사람들과는 나름 괜찮게 경기했지만, 낯선 환경, 처음 만난 상대 팀과 경기를 시작하면 이상하게도, 몸이 굳었다.

긴장 때문일까? 아니면 내 실력이 아직 부족한 것일까? 머릿속에 복잡해졌다. 대회에 나가는 것이 두려워지기 시작했고, 패배의 쓴맛을 반복해서 맛볼수록 처음 가졌던 패기와 자신감은 점점 희미해졌다.

그런데도 포기하고 싶지는 않았다. 어딘가에 정답이 있을 것 같았다. 나는 그걸 찾아야 했다. 아무리 초심부라 해도, 대회에서는 기술 이상의 무언가가 필요했다. 네 개 대회에서 광탈(광속으로 빠르게 예선 탈락)한 후, 대회에서 신경을 써야 할 것들을 정리해 봤다.

1. **정신력 강화 훈련:** 경기 전 심호흡과 집중력을 높이는 루틴 장착, 긴장을 줄이고 평정심을 유지하는 것이 중요!

2. **게임 운영 이해하기:** 단지 셔틀콕을 넘기는 것이 아니라, 상대의 움직임을 읽고 코스를 공략하는 법, 그리고 상대의 습관적인 패턴을 관찰하고 분석하는 연습이 필요!

3. **실전 감각 익히기:** 연습 경기에서도 대회처럼 긴장감을 가지고 플레이! 실제 경기 환경과 비슷한 상황을 만들기 위해 연습 중에도 강한 압박을 주는 연습 필요!

"왜 그렇게 코트 위에서 굳어버렸을까?"
하지만 이제는 안다.
그 패배가 나를 성장하게 만든 진짜 시작점이었다는 것을.

8전 전패.
처음에는 이 숫자가 나를 짓눌렀다. 하지만 그 과정에서, 나는 내가 부족한 것이 무엇인지 뼈저리게 깨달았다.

이제 나는 '땡' 하고 움직일 준비가 되어 있었다.
패배에 머물지 않고, 다시 한 걸음 내디딜 용기를 얻었으니까.
나는 여전히 라켓을 쥐고, 코트 위에서 땀을 흘리며 계속해서 연습을 이어갔다. 힘들고 지치는 날도 있었지만, 매번 패배의 순간이 나를 더 강하게 만들고 있다는 것을 믿었다.

언젠가—

처음 대회에 나갔던 그 날,

머릿속으로만 그렸던 우승의 상상이

현실이 되는 순간이 올 것이다.

그리고 그날, 나는 분명히 알게 될 것이다.

승리는 목표가 아니라, 그 모든 과정의 결과였다는 것을.

연습하고, 패배하고, 네 번이나 반복했던 그 시간이

바로 승리로 이어지는 길이라는 것을.

작고 꾸준한 노력이 만들어내는 성장

다시 한번 클럽 밴드에 대회 공지글이 올라왔다.

나는 결심했다. "한 번만 더."

이번 대회가 마지막이다. 만약 이번에도 예선 탈락한다면, 당분간 대회 출전은 접어두기로 했다. 솔직히 말하면, 패배가 익숙해지는 것 같았다.

그래서 이번 대회는 나에게 일종의 시험대였다.

그렇게 마음 비우고 출전한 그 날의 대회—

내 예상을 완전히 뒤엎는 일이 벌어졌다. 코트에 들어설 때만 해도 기대는 없었다. 익숙한 긴장감이 스멀스멀 올라왔지만, 이상하게도 그 긴장감이 손끝까지 얼어붙게 만들진 않았다.

“어차피 마지막이니까, 그냥 해보자.”

홀가분한 마음이 오히려 나를 더 가볍게 했다.

경기 초반부터 뭔가 달랐다. 상대가 넘긴 셔틀콕을 제대로 맞추기 시작했다. 콕의 궤적이 선명하게 보였고, 내 몸은 마치 준비된 듯 자연스럽게 반응했다.

‘이게 뭐지?’

마치 시간이 느리게 흐르는 듯한 느낌. 이전 대회에서는 상대의 공을 쫓느라 늘 한발 늦었지만, 이번에는 나와 파트너가 경기를 주도하고 있었다. 몸은 가벼웠고, 움직임은 유연했다. 상대의 약점이 보였고, 셔틀콕은 우리 팀에 힘을 실어주는 듯 상대방 코트를 내리꽂았다. 득점을 위한 플레이를

'하고' 있었다.

포기를 앞둔 순간, 승리가 꿈처럼 나에게 다가왔다. 그동안의 패배 속에서도 꾸준히 연습했던 작은 변화들이 차곡차곡 쌓여 있었다. 이전까지는 코트에서 불안함이 컸지만, 이번엔 다르다는 걸 경기 중에도 느낄 수 있었다. 파트너를 믿고 또 나를 믿고 플레이하자 점점 경기가 유리하게 풀렸다. 나는 무리한 공격보다 제대로 콕을 넘기는 전략을 택했고, 상대방은 실수를 연발하며 우리 팀의 점수판이 계속 넘어갔다. 그렇게 한 경기씩 승리하며 결승 진출!

하지만 결승전은 이전 경기들과는 차원이 달랐다. 상대 팀은 경험이 풍부했고, 실력도 우리보다 뛰어났다. 시작부터 밀리기 시작했다. 점수 차가 벌어졌고, 불안함이 엄습했다. '여기까지인가...?' 하지만 포기하고 싶지 않았다. 상대가 셔틀콕을 강하게 내려칠 때, 나는 당황하지 않고 끝까지 받아냈다. 반격의 기회를 기다렸다.

경기 중반에 접어들면서 차분하게 한 점씩 따라붙기 시작했다. 클럽 분들의 응원도 힘을 실어 주었다. 정확한 타이밍에 스매싱을 날리며 득점을 올렸고, 상대의 실수도 이어지며 점수 차를 좁혀갔다. 하지만 초반의 격차를 완전히 극복하기엔 시간이 부족했다. 결국, 상대 팀이 먼저 25점을 획득하며 결승전은 아쉽게 마무리됐다.

최종 성적표, 준우승!

8전 전패 후에 출전한 순천시의장기배드민턴 대회에서 준우승
(2022년 7월 3일)

코트에서 걸어 나오는 순간, 감정이 북받쳤다. 숨이 차오르는 것도, 땀으로 흠뻑 젖은 것도 상관없었다. 준우승이라는 아쉬움보다, 가슴을 가득 채운 것은 벅찬 기쁨이었다.

믿기지 않았다.
8전 전패로 시작했던 내가, 이제 결승전까지 올라 준우승이라니.
패배의 무게에 주저앉았던 날들이 선명하게 떠올랐다. 그때의 나를, 지금의 내가 이겨낸 것이다. 내가 흘린 땀과 쏟아낸 숨결들이 여전히 남아 있는 것 같았다.

'왜 이렇게까지 노력했을까?'
문득 그런 생각이 들었다. 단순히 이기고 싶어서였을까? 아니다. 나는 '성장하는 기쁨'을 느끼고 싶었기 때문이다. 점점 더 나아지고 있다는 그 실감, 어제보다 조금 더 단단해진 나를 발견하는 그 순간이 결국 나를 여기까지 이끌었다.

세상 모든 일이 그렇듯, 배드민턴도 몇 번의 연습으로는 실력을 쌓을 수 없다. 작은 변화들이 쌓이면, 결국 그것이 놀라운 발전의 시작이 된다는 것. 익히 알고 있던 그 사실이 그

날 나에게 다시 한번 아로새겨졌다.

나는 배드민턴 대회를 승패의 장이 아닌, '성장의 무대'로 바라보게 되었다. 물론 패배는 아쉽고 쓰라릴 때도 있다. 승리의 기쁨에 짜릿하기도 하다. 하지만 승패를 떠나 그 꾸준한 과정이 중요하다는 것을 나는 분명히 안다.

승리하건 패배하건 그것은 끝이 아니라, 또 다른 시작이라는 것을.
나는 더 이상 패배를 두려워하지 않기로 했다. 왜냐하면 나는 이제,
승리보다 성장하는 나를 더 마주하고 싶어졌기 때문에.

처음에는 연습도 실전도 단순한 도전이었다. 하지만 이제는 꾸준한 변화가 어떤 결과를 만들어내는지 경험하며, 조금씩 단련해 가고 있었다. 그리고 깨달았다. 포기하지 않으면, 언젠가 더 높은 곳을 바라볼 수 있다는 것을.

나는 이제 더 높은 목표를 설정했다.
단순히 경기에서 이기는 것이 아니라, 배드민턴이라는 스포츠를 더 깊이 이해하고 싶었다. 어떻게 경기를 운영해야 할

지, 상대의 빈틈은 어디에서 만들어지는지, 그리고 그 틈을 어떻게 나만의 플레이로 채울 수 있을지. 나는 경기 운영을 배우고, 다양한 전략을 연구하며, 결국 나만의 스타일을 완성하기로 결심했다.

클럽에서는 다양한 실력의 회원들과 경기를 치르며 실전 감각을 키워나갔다. 실력이 좋은 팀과 맞붙을 때면 여전히 높은 벽을 느꼈다. 하지만 이전과 달랐다. 이제는 그 벽 앞에서 멈추는 대신, 돌파구를 찾는 법을 배웠다. 그리고 작은 변화들이 쌓여 만들어낸 내 안의 성장을 느낄 수 있었다.

준우승 이후, 나는 다시 도전을 계속 이어갔다.
단순한 성과에 머무르지 않았다.
"진짜 목표는, 꾸준한 성장이다."

이제 승리는 과정의 일부일 뿐이었다. 나는 부족한 점을 하나씩 보완하고, 새로운 기술을 익히며 다음 단계를 향해 나아갔다. 그리고 자신에게 다짐했다.
"언젠가 다시 결승 무대에 서서 우승해서 해보겠노라고."

이 다짐은 단순한 욕심이 아니었다. 패배 속에서도 꾸준히 도전하면, 언젠가는 한 단계 도약하는 순간이 찾아온다는 것을 나는 이미 경험으로 배웠기 때문이다.

나는 여전히 기술적으로 부족한 점이 많았다. 배워야 할 것이 산더미처럼 쌓여 있었고, 발전해야 할 부분도 끝이 없었다.

하지만 중요한 것은, 나는 멈추지 않는다는 것이다. 작은 변화들이 모이고, 그 변화들이 쌓여 언젠가는 더 큰 성장을 이루는 순간이 올 것이다. 그리고 나는 그날까지, 아니, 그 이후에도 계속해서 도전할 것이다.

매일 코트 위에서, 땀 한 방울 속에 담긴 작은 성장들을 모으며, 나는 나만의 이야기를 써 내려가고 있다. 이것이 나의 배드민턴, 그리고 나의 성장 이야기다.

3장

1년 차_ 부상을 극복하고 기술과 체력의 균형을 맞추다

배드민턴 주요 부상을 빠짐없이 겪다

배드민턴은 격렬한 운동이다. 상대와 몸을 직접 부딪치는 것은 아니지만, 빠르게 날아오는 셔틀콕을 따라가며 각종 기술을 구사해야 해서, 생각보다 각종 신체 부위에 큰 부담을 준다. 운동을 계속해 가면서 그 사실을 몸으로 깨달았다. 다행히 큰 부상은 없었지만, 몸의 각 부위가 순서대로 고장 나는 경험을 했다.

내 첫 부상은 손목에서 시작됐다. "뭐, 파스 좀 붙이면 괜찮아지겠지." 가볍게 넘겼다. 배드민턴을 치다 보면 작은 통증쯤은 흔한 일이고, 조금 쉬면 나을 거로 생각했다. 그런데 이상하게도 손목 통증이 가시기도 전에 팔꿈치에서 찌릿한 신호가 오기 시작했다. 아프긴 했지만, 참을 만했다. 하지만 얼마 지나지 않아 스매싱을 칠 때마다 어깨까지 욱신거리기 시작했다.

그렇게 한두 달이 흘렀다. 이젠 어깨가. 밤에 잠자리에 들면, 어깨가 아파서 뒤척이는 것마저 고통스러웠다. 어깨가 좀 나아지는가 싶었는데, 이번엔 무릎이 시큰거렸다. '착지할 때 조심해야겠다.' 싶어 동작을 조심하자 했더니, 이번엔 허

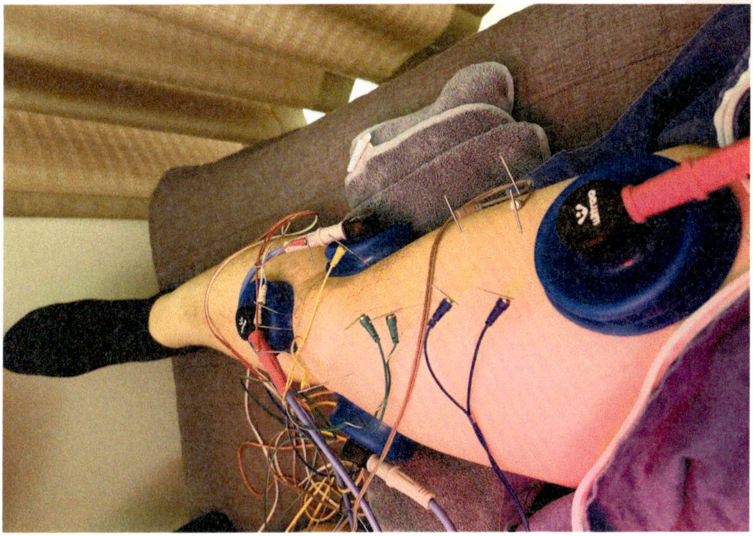

무릎 통증 치료 중

리가 삐끗. 허리를 보호하려고 신경을 쓰자 이번엔 다른 곳이 문제였다.

이쯤 되니 부상을 하나씩 모으는 느낌이었다. "배드민턴 부상 도장 깨기 하는 건가?" 싶을 정도로 계속 다른 부위에서 신호가 왔다. 도대체 내 몸은 왜 이러는 걸까? 결국 참다못해 통증의학과를 찾았다. 의사 선생님은 통증 부위를 확인하시더니 한마디 하셨다.

"운동이 좀 과하시네요!"

그 말을 듣는 순간, '그래, 좀 과했지…' 인정할 수밖에 없었다. 그래서 이번엔 조절하기로 마음먹었다. 적당히 쉬면서, 스트레칭도 신경 쓰고, 약도 꾸준히 챙겨 먹었다. 이렇듯 부상은 하나씩 차례로 찾아왔다. 한 부위가 겨우 회복되면, 또 다른 곳에서 새로운 경고등이 켜졌다. 통증이 심할 때는 하루 이틀 쉬거나, 체육관에 나가서도 심하게 운동하지 않았다. 잠깐 쉬면 금세 몸이 괜찮아지는 것 같았다. 다시 코트에 섰을 때의 기분이 너무 좋았다. 통증도 많이 줄었고, 이제는 좀 더 관리하면서 운동하면 괜찮을 거로 생각했다.

그런데 그런 날도 잠시, 어느 날부터인가 걸을 때 발바닥이 아팠다. 처음엔 별거 아니겠지 싶었는데, 점점 발뒤꿈치가 디딜 때마다 찌릿한 통증이 올라왔다. 아침에 침대에서 일어나 첫발을 내디딜 때마다 화끈하게 올라오는 그 느낌.

걸음을 옮길 때마다 마치 작은 유리 조각을 밟는 듯한 느낌이었다.
이번에도 참고 견뎠다. 하지만 통증은 나아지지 않았고, 오히려 점점 더 뚜렷해졌다. 결국 다시 병원행.

의사 선생님은 발을 살펴보더니 고개를 끄덕였다.

"족저근막염입니다."

손목, 팔꿈치, 어깨, 무릎, 허리, 그리고 이제는 발바닥까지.

그런데 참 이상한 일이다. 체육관에 가기 전까지는 여기저기 쑤시고 결리는 느낌이 드는데, 막상 코트에 들어서면 신기하게도 아픔이 사라진다. 라켓을 손에 쥐고 셔틀콕을 따라 뛰어다니면, 조금 전까지의 통증은 잊고 다시 경기에 집중하게 된다.

배드민턴을 하면 누구나 크고 작은 통증을 피할 수 없다. 특히 초반에는 몸이 적응하는 과정에서 이런 증상을 겪게 된다. 하지만 꾸준한 관리와 적절한 치료를 병행하면 통증 속에서도 운동을 계속 즐길 수 있다. 중요한 것은 내 몸의 신호를 무시하지 않고 대비하는 것이다. 그래야 배드민턴을 오래도록 즐길 수 있다.

배드민턴 동호인들이 가장 처음 겪는 손목 부상은 강한 스매싱이나 드라이브를 반복하며 과도하게 손목을 사용할 때 발생한다. 잘못된 그립 법이나 무리한 힘 조절이 손목 인대와 힘줄에 부담을 주어 통증을 유발할 수 있다. 팔꿈치

부상도 마찬가지로 무리한 동작으로 팔꿈치에 과부하가 걸릴 때 발생하며, 잘못된 스윙 자세나 무리한 힘 사용이 힘줄과 근육에 부담을 줘 통증을 유발한다.

어깨 부상은 반복적인 스매싱이나 하이클리어 동작으로 어깨 관절과 근육에 과부하가 걸릴 때 발생하며, 잘못된 스윙 자세나 과도한 힘 사용이 힘줄과 회전근개에 부담을 주어 통증을 유발한다. 족저근막염은 점프 착지와 빠른 스텝 변화로 발바닥의 족저근막에 과부하가 걸릴 때 발생하며, 과도한 충격이나 부적절한 신발 선택이 염증과 통증을 유발한다.

치료 방법

- 보호대 착용으로 부담 경감
- 즉각적인 휴식과 얼음찜질로 염증 및 부기 완화
- 필요시, 소염진통제 복용
- 근력 강화 운동과 스트레칭 병행 등

예방 방법

- 운동 전후 충분한 스트레칭
- 관절 유연성 강화 및 테니스공 쥐었다 펴기 등의 근력 운동
- 올바른 그립 법과 스윙 자세 유지 등

지금도 나는 여전히 배드민턴을 즐기고 있다. 이제는 몸 상태가 좋지 않을 때 무리하지 않는다. 예전 같았으면 "더 열심히, 더 많이"가 정답이라고 믿었겠지만, 이제는 안다.
꾸준히, 오래, 그리고 건강하게 즐기는 것.
이것이야말로 진정한 배드민턴 삶이라는 걸.

통증은 나의 한계를 가르쳐줬고, 회복은 나에게 내 몸을 존중하는 방법을 일깨워줬다. 이제는 더 효율적으로 몸을 쓰고, 더 현명하게 예방하려고 한다.

"다음 부상은… 없기를 바라며,
오늘도 나는 다시 코트로 나선다."
이제 나의 배드민턴은 이기기 위한 싸움이 아니라, 나를 더

사랑하기 위한 여정이 되었으니까.

배드민턴 동호인들이 자주 하는 말이 있다.

"배드민턴은 가늘고 길게 가야 해."

그렇다. 나는 이 말을 가슴 깊이 새기며, 부상을 조심하면서도 꾸준히 운동을 이어가고 있다. 가장 중요한 것은 무리하지 않는 것이다.

레슨으로 다듬는 기본기: 스매싱, 드라이브, 그리고 풋워크

배드민턴을 처음 시작했을 때, 나는 이미 수없이 들어 알고 있었다.

가장 중요한 것은 '기본기'를 탄탄히 다지는 것이라는 사실을.

화려한 기술도, 탁월한 경기 운영도 결국은 기본기라는 뿌리가 있어야 진정한 힘을 발휘할 수 있기 때문이다.

그래서 스스로 다짐했다.

"기본기를 완벽히 익히자." 레슨에 임하는 마음가짐부터 달랐다. 매 순간 몸에 새긴다는 각오로 임했다. 다행히도 우리 클럽 코치님은 기교보다는 기본에 집중하는 스타일이었다.

"기본이 잡혀야 기술도 빛난다."

기본자세를 익힌 뒤에는 매일 정해진 루틴을 반복했다.

- 스매싱 2번
- 드라이브 2번
- 스매싱-드라이브 연속 2번
- 푸시-원점프 스매싱 2번
- 수비 2번

총 10회 세트를 계속해서, 숙달될 때까지 반복했다. "자세가 정확히 나올 때까지, 다시. 그리고 또다시." 이 과정에서 중요한 건 속도나 힘이 아니었다. 오로지 정확한 자세와 감각에 집중했다. 특히 백 드라이브와 수비는 나에게 커다란 과제였다. 자세와 스윙이 잘 잡히지 않아 무려 6개월 동안 같은 동작을 수없이 반복해야 했다.

처음엔 답답하고 지루했다. "왜 이렇게 안 되는 걸까?"

하지만 시간이 흐를수록 깨달았다. 기본기는 경기 중에 자연스럽게 나올 수 있게 반복하는 것이 최선이라는 것. 반복 속에서 작은 변화들이 쌓이고, 그 변화들이 어느 순간 성장으로 이어진다. 이렇듯 처음엔 스텝, 타구 지점 포착, 스윙 등의 연속 동작이 어색했는데, 반복적으로 레슨을 받다 보니 시간이 지날수록 내 몸에 자연스럽게 스며들고 있었다.

레슨으로 다듬어진 기술들은 시간이 지나면서 자연히 경기력으로 나오게 된다. 시행착오를 거쳐 하나씩 배우고 익힌 배드민턴 주요 기술을 간략히 소개하면 다음과 같다.

스매싱 – 배드민턴의 꽃, 강력한 한 방

배드민턴을 시작하고 가장 잘하고 싶은 기술이 바로 스매싱이었다. TV에서 보던 선수들이 강력한 스매싱 한 방으로 상대를 압도하는 모습은 너무나 멋져 보였다. 하지만 직접 스매싱을 시도해 보니, 현실은 달랐다. 단순히 힘을 주어 강하게 친다고 해서 성공하는 기술이 아니었다. 오히려 내리꽂겠다는 생각에 과하게 힘을 주면 공은 번번이 네트에 걸리거나 코트 밖으로 나가버렸다. 클럽의 상급자 동호인들은 힘으로만 해결하려 하지 말라며 조언을 건넸다.

"스매싱은 타이밍과 밸런스가 더 중요해. 힘만 주면 정확성이 떨어져."

그 말을 듣고 나는 다시 기본으로 돌아갔다. 임팩트 순간 손목의 스냅을 활용하는 방법, 체중을 앞으로 실어 힘을 전달하는 기술, 타이밍을 정확히 맞추는 감각을 익히기 위해 꾸준히 연습했다. 그러던 어느 날, 처음으로 실전에서 성공한 스매싱은 나에게 자신감을 심어주었고, 그 후부터 스매싱을 칠 때마다 조금씩 완성도를 높여갈 수 있었다.

드라이브 – 경기의 흐름을 장악하는 빠른 타격

스매싱이 화려한 기술이라면, 드라이브는 경기의 흐름을 장악하는 전략적인 기술이었다. 빠른 반응 속도와 정확한 컨트롤이 필수적이었으며, 공격과 수비를 오가는 중요한 연결 기술이었다. 처음 드라이브를 배울 때는 단순히 공을 네트 너머로 보내는 수준이었지만, 깊이 배울수록 상대를 압박하는 핵심 무기라는 걸 깨달았다.

코치님의 지도로 스텝을 잡고 자연스러운 스윙으로 셔틀콕을 직선으로 보내는 연습을 반복했다. 하지만 처음에는 셔틀콕이 네트에 걸리거나 너무 높이 떠올랐다. 백 드라이브를 칠 때는 힘없이 넘어가기도 했다. 그러나 포기하지 않았다. 처음 하이클리어도 되지 않았지만 반복 연습 끝에 익힌 것처럼, 드라이브 역시 연습하면 반드시 향상될 거라는 확신이 있었다.

석 달쯤 지나자, 드라이브의 감각이 잡히기 시작했다. 레슨 중 드라이브 자세가 안정적으로 유지되었고, 셔틀콕의 궤적을 원하는 방향으로 보낼 수 있게 되었다. 경기에서도 빠른 드라이브를 활용해 상대의 리턴 타이밍을 흐트러뜨리고, 때때로 득점으로 연결하는 장면이 연출되었다. 이제 드라이브는 내 주요 무기 중 하나가 되었고, 내가 좋아하는 코스로 셔틀콕이 오면 '이건 점수다'라는 자신감이 생겼다.

풋워크 – 경기를 주도할 수 있는 보이지 않는 기술

배드민턴을 시작할 때는 몰랐다. 가장 중요한 것은 기술이 아니라는 것을. '풋워크', 즉 발놀림이 모든 기술의 기초라는 사실을 깨닫는 데는 시간이 필요했다. 풋워크 없이는 어떤 기술도 제대로 활용할 수 없었다. 특히 후방에서 전방으로 빠르게 이동하거나, 좌우 스텝을 자연스럽게 연결하는 것이 핵심이었다.

배드민턴을 처음 시작했을 때, 나는 셔틀콕이 오는 방향을 따라가기에 급급했다. 발이 엉켜 넘어질 뻔한 적도 많았다. 하지만 레슨을 받으며 점차 풋워크의 중요성을 깨달았다. 코치님은 항상 스텝을 자세히 알려주셨다. 하나, 둘, 셋. 타이밍을 잡는 법, 후방 이동 후 다시 앞으로 나가는 법, 좌우로 부드럽게 스텝을 연결하는 법을 익혀 나갔다.

그중 가장 힘들었던 건 '반복'이었다. 다리에 쥐가 나는 느낌이 들 때까지 연습해야 했고, 체력적으로도 한계가 있었다. 하지만 어느 순간, 셔틀콕의 위치에 따라 자연스럽게 움직이는 내 두 발을 발견했다. 마치 몸이 자동으로 반응하는 것처럼.

풋워크를 제대로 익히자 경기에서 빠른 반응 속도를 유지할 수 있었고, 상대의 공격을 효과적으로 방어할 수 있는 능력을 갖추게 되었다. 더 이상 급하게 뛰어다니지 않아도 되었다. 자연스럽게 이동하며 체력을 아끼고, 적절한 시기에 공격을 이어갈 수 있었다. 이제는 상대의 강한 스매싱도 침착하게 받아내고, 반격하는 데 어려움이 없었다.

"풋워크가 곧 경기력이다." 이 말의 의미를 몸소 깨닫게 된 순간이었다.

어느새 3년이라는 시간이 흘렀다. 하지만 나는 여전히 레슨을 받고 있다. 처음과는 마음가짐이 조금 다르다. 이제는 안다. 처음에는 작고 사소해 보이는 연습들이었지만, 그것이 쌓이고 쌓여 내 경기력을 변화시킨다는 것을.

"기본기는 완성되는 것이 아니라, 계속 다듬어 가는 과정이다."

수없이 셔틀콕을 주고받았고, 수없이 땀을 흘렸다.

코치님의 세밀한 지도로, 반복적인 훈련을 통해 내 감각은 조금씩 더 정교해졌다. 작은 움직임 하나, 라켓의 각도까지, 그리고 예쁜 자세를 만들라는 가르침.

처음엔 사소해 보였던 것들이 사실은 모두 배드민턴 실력으로 이어지는 지름길이었다. "이 정도면 됐다"라는 순간에도 코치님의 한마디가 있었다. "여기서 조금 더 정확하게."

이제 나는 확신한다.

배드민턴의 실력은, 기본을 얼마나 성실하게 쌓아 올렸느냐에 달려있다. 그래서 나는 레슨을 멈추지 않을 것이다. 배드민턴을 즐기는 날까지.

주말 여수 정도관에서 쌓은 실전 경기력

어느 날, 나는 구력 20년이 넘는 60대 동호인과 경기하게 되었다. 초심자 시절에는 실력이 부족했기에, 패배가 당연한 분이었다. 하지만 이제는 달랐다. 레슨으로 기본기를 쌓았고, 코트 위에서의 경기 감각도 한층 성장했다.

"이번에는 해볼 만하지 않을까?" 은근한 기대와 자신감을 안고 코트에 섰다. 그러나 현실은 또 한 번 내 생각을 깨뜨렸다. 그분은 눈에 띄게 화려한 기술을 사용하지 않았다. 하지만 내가 한 발 움직일 때, 그분은 이미 다음 셔틀콕의 궤적을 예상하였다. 나는 그 노련함에 페이스를 잃고 코트만 이리저리 뛰어다녔다. 공을 쫓느라 숨이 가빴고, 점수 차는 금세 벌어졌고, 결국 그렇게 또 한 번의 교훈이 되는 경기를 마쳤다.

경기가 끝난 후, 그분은 빙그레 웃으며 말했다.

"기본기는 참 좋네. 근데 배드민턴은 기술만이 아니라 '상대를 읽는 게임'이야." 그 짧은 한마디가 마치 라켓 끝으로 내 머리를 콕 찔러 깨운 느낌이었다.

배드민턴은 단지, 스매싱이 얼마나 강한지, 드롭샷이 얼마나 날카로운지, 풋워크가 얼마나 빠른지가 전부가 아니다. 실력이 쌓일수록 기술은 비슷해지니, 진짜 중요한 것은 '상대를 읽는 힘'이었다. 상대의 시선, 발끝의 방향, 셔틀콕을 향한 작은 움직임 하나까지 모든 것이 경기의 흐름을 읽는 힌트였다는 걸.

그분은 나보다 빠르지 않았고, 스매싱이 더 강하지도 않았다. 하지만 내 생각보다 한 수 앞서 움직이며 경기를 '컨트롤'하고 있었다. 그날의 패배는 단순한 패배가 아니었다. '기본기'를 넘어, 진짜 배드민턴의 본질을 마주한 순간이었다.

배드민턴을 시작한 후, 나는 오로지 기본기를 탄탄하게 다지는 것에 집중했다. 정확한 자세, 올바른 스윙, 자연스러운 풋워크— 이 모든 것이 경기력의 근간이라는 걸 알고 있었기 때문이다. 하지만 시간이 지날수록 깨달았다. 기술만으로는 부족하다는 것을.

이제 나는 단순히 기술을 연마하는 것을 넘어, 상대의 움직임을 읽고, 경기를 주도하는 흐름을 파악하고, 상황에 맞춰 전략을 바꾸는 훈련을 시작했다. 상대를 읽고, 나를 조율하는 '심리전'이기도 하다. 그날의 패배 덕분에 배드민턴은 빠르기와 힘으로만 하는 운동이 아님을 몸소 알게 되었고, 한층 더 깊이 있는 배드민턴의 세계로 나아갈 수 있었다.

배드민턴은 힘과 기술도 뒷받침되어야 하고, 또, 경기 흐름을 읽고 상대를 분석하는 것도 중요하다. 배드민턴 실력을 높이기 위해서는 같은 클럽에서만 경기하는 것보다, 다양한 스타일의 상대를 만나는 것이 필수적이라는 생각이 들었다. 익숙한 상대와만 경기하면 패턴을 읽고 공략하기 쉬워지지만, 이는 실전 대회에서 큰 도움이 되지 않는다.

나는 클럽에서의 경기 패턴을 뛰어넘고 실전 경험을 쌓기 위해 지인의 소개로 멋진 여수 바다가 훤히 보이는 정도관을 찾기 시작했다. 나를 배드민턴으로 다시 들어오게 한 같은 대학 교수님이 주말에 운동하는 체육관이었다.

전남 여수시 국동에 있는 정도관 배드민턴 구장, 체육관 2층에서 바라본 장면

여수 정도관은 마치 작은 리그와 같았다. 연령대, 실력, 그리고 플레이 스타일이 제각기 다른 동호인들이 모였고, 그들과 경기하며 내 경기력을 시험하고 다듬어 나갔다. 처음 방문했을 때, 실전 감각이 부족해 경기 흐름을 읽지 못하고 경기를 주도하지 못했다. 하지만 방문을 거듭할수록 점점 나는 상대의 플레이를 분석하고 대응하는 법을 배우기 시작했다.

구력이 있는 상대들은 정교한 네트 플레이와 예측하기 어려운 타이밍으로 나를 흔들었다. 그들의 플레이는 나의 허점을 정확히 공략했다. 반면, 공격적이고 빠른 상대들은 쉼없이 몰아치는 속도감과 강한 스매싱으로 압박해 왔다. 이들과의 경기는 항상 반 박자 빠른 판단력과 순발력을 요구했다.

이 과정에서 나는 새로운 전략을 배우고, 상대에 따라 경기 운영 방식을 유연하게 조절하는 법을 익혔다. 어떤 상대에게는 단단한 수비 중심의 경기로, 또 다른 상대에게는 공격의 리듬을 바꿔 흔들며 득점하고자 애썼다. 정도관은 내게 실전의 무대이자, 나를 시험하는 경기장이었다.

여수 정도관에서 운동 경기 모습

과거에는 오직 힘을 싣고 내가 잘하는 주력 기술에만 의존했다면, 이제 경기에 임하는 내 마음가짐은 완전히 달라졌다. 이제 나는 코트에 서는 순간, 공격부터 서두르기보다는 상대를 읽는 것부터 시작한다.

"이 상대는 어떤 스타일일까?

어떤 패턴으로 경기를 풀어갈까?"

더 먼저 눈여겨보는 것은 상대의 풋워크, 라켓 스윙, 그리고 작은 움직임의 리듬이다. 상대의 강점은 무엇인지, 어디서 빈틈이 생기는지, 그리고 경기의 흐름을 어떻게 바꿀 수 있을지를 분석한다.

이제 나는 셔틀콕을 쫓는 것이 아니라, 경기 흐름을 읽고, 상황을 주도하려고 한다. 과거에는 오로지 득점하기 위해 뛰었다면, 지금은 경기를 이해하기 위해 뛰려고 한다.

경기를 자주 하다 보면, 때로는 상대의 예상치 못한 기술에 놀라고, 압도당하며 경기 주도권을 뺏길 때가 있다. 하지만 오히려 그런 경험이 내 경기력을 성장시키는 데 결정적인 역할을 했다. 패배를 통해 배웠고, 시행착오를 거치면서 경기 주도권을 쥐고 한 포인트 한 포인트를 따내기 위해 최선을 다하는 습관이 형성되었다.

이제는 상대가 강한 스매싱을 날려도 당황하지 않는다. 빠른 풋워크로 위치를 잡고, 드라이브와 리턴 플레이로 반격할 준비를 한다. 스매싱이 아니라 랠리 싸움을 유도하며 상대의 실수를 끌어내는 전략도 활용하게 되었다. 실전 경험이 쌓일수록, 경기에서의 자신감이 커지고 상대를 공략하는 법을 깨닫게 되었다.

여수 정도관에서의 경험은 단순한 경기 이상의 의미가 있었다. 배드민턴은 결국 상대와의 심리전이며, 동시에 나 자신과의 싸움이었다. 경기 중에는 수많은 변수가 발생하고, 그 순간마다 빠르게 판단해야 한다. 그리고 그 판단의 정확도는 오직 실전 경험을 통해서만 향상될 수 있다.

지금도 대회가 없는 주말이면 종종 여수 정도관으로 향한다. 오늘은 어떤 상대와 맞붙게 될까? 또 어떤 배움을 얻게 될까? 코트 위에서 흘리는 땀 한 방울, 한 방울이 나를 더 단단하게 만들고 있다는 것을 알기에, 나는 계속해서 앞으로 나아간다. 그리고 그 과정이야말로 내가 배드민턴을 계속하는 가장 큰 이유이기도 하다.

경기력 향상을 위한 각종 훈련

배드민턴에서 실력을 키우는 길은 보이지 않는 곳에서의 꾸준한 훈련과 반복 연습이 필요하다. 경기장에서의 플레이가 빛을 발하기 위해서는 그 뒤에서 쌓인 수많은 노력과 땀방울이 있어야 한다. 배드민턴은 민첩성과 빠르기뿐만 아니라 강한 체력이 필수적인 스포츠다. 특히, 경기 후반부가 되면 체력 저하로 인해 실력이 급격히 떨어지는 것을 경험하곤 한다.

나는 이를 뼈저리게 깨달았던 적이 있다. 경기 초반부터 상대와 팽팽한 접전을 펼쳤지만, 후반으로 갈수록 체력이 급격히 떨어지면서 집중력이 흐려졌다. 숨은 거칠어지고 다리는 무거워졌다. '제발 이 경기가 끝났으면 좋겠다'라는 생각이 들 만큼 힘들었다. 경기가 끝나고 실전에서 살아남기 위해서는 경기 후반에도 지치지 않는 체력을 만들어야 한다는 것을 알게 되었다. 그 후, 나는 실전 경기뿐만 아니라 체력과 근력을 강화하는 개인 훈련을 병행하기로 결심했다.

학교에서 일을 마친 후, 체육관에 가기 전에 20분이라도 스윙 연습과 근력 운동을 실시하는 것을 루틴으로 삼았다. 특히 배드민턴에서 필요한 근력을 기르는 데 중점을 두었다.

손목과 팔 근력 강화

악력기를 사용해 손목과 팔 힘을 단련했고, 아령을 이용해 어깨와 팔 근력을 보강했다. 스매싱을 더욱 강력하게 구사하기 위해서는 팔 힘만으로는 부족했다. 어깨, 등, 손목의 근력을 균형 있게 키워야 했다.

하체 훈련

배드민턴에서 가장 중요한 것은 하체다. 경기 중 민첩한 움직임과 빠른 스텝을 유지하기 위해 스쿼트를 반복했다. 이를 통해 힘과 지구력을 기를 수 있었다.

코어 근력 강화

강한 중심이 있어야 균형을 유지하며 정확한 타격을 할 수 있다. 플랭크를 병행하며 몸의 안정성을 높였다.

꾸준한 근력 운동 덕분에 경기 후반부에도 신체적 피로를 줄일 수 있었다. 긴 랠리에서도 무너지지 않고 끝까지 버티는 힘이 조금씩 생기기 시작했다. 또한, 운동을 마치고 집에서 짧지만, 스트레칭과 스윙 연습으로 마무리했고, 근육 회복을 위해 냉찜질을 하는 습관도 들였다. 마치 축구 스타 크리스티아누 호날두(Cristiano Ronaldo)가 경기 후에 반드시 냉찜질하는 것처럼.

영상 분석: 프로 선수들에게서 배우다.

대회를 나가보면 뛰어날 실력을 갖춘 수준급 상급자들이 많다. 그러나 이들도 여전히 동호인이었고, 경기 운영 방식이 프로 선수들과는 차이가 있었다. 그러던 중, 한 동호인이 내 플레이를 보고 조언을 해주었다. "위치 선정이 잘 안 되는 거 같네. 국가대표 경기 영상을 보면 큰 도움이 될 거야." 나는 그 조언을 귀담아듣고, 유튜브에서 여자 복식 경기 영상을 찾아보기 시작했다. 남자 복식 경기는 속도가 너무 빨라 따라가기 어려웠기에.

어느 코치님께 물어봤더니, 일본 국가대표팀 선수인 마츠야마 나미와 시다 치하루의 경기를 추천해 주셨다. 나는 영상을 보며 두 선수의 플레이를 눈여겨봤다. 단순히 영상을 보는 것이 아니라, '왜 저 선수는 저 타이밍에 저런 선택을 했을까?'라는 질문을 스스로 던지며 플레이를 분석했다.

복식 경기에서 파트너와의 호흡은 매우 중요하다. 이를 위해 경기 영상을 반복해서 보며, 상대의 공격 방향에 따라 위치를 조정하고 로테이션하는 방법을 익혔다. 또한, 내 최대 약점인 수비 자세를 개선하기 위해 강한 스매싱에 어떻게

일본 배드민턴 국가대표 여자복식 선수
마츠야마 나미(좌)와 시다 치하루(우)

반응하는지 반복적으로 관찰했다. 수비는 단순히 공을 받아넘기는 것이 아니라, 다음 공격을 준비하는 적극적인 형태로 전환하는 것이 핵심이었다.

더불어, 프로 선수들의 경기를 분석하면서 공격과 수비의 균형이 얼마나 중요한지 깨달았다. 무조건 스매싱을 시도하기보다는, 경기 흐름을 읽고 상황에 맞게 전략적으로 플레이하는 법을 익혔다. 이러한 과정을 통해 단순한 기술 습득을 넘어, 효율적인 경기 운영과 전략적 사고를 배울 수 있었다.

나아가 유튜브를 보면, 선수 출신 코치가 진행하는 유튜브 채널들이 도움이 되었다. 해당 영상에서는 기본 기술부터 고급 기술까지 다양한 기술을 상세히 설명해주었고, 경기 운영 방식과 전략까지 배울 수 있어 유익했다. 이렇게 배운 내용을 실제 연습에 적용하며 부족한 부분을 보완해 나갔고, 반복 연습을 통해 점점 더 나은 플레이를 할 수 있게 되었다. 현재까지도 즐겨보고 있는 배드민턴 유튜브 채널을 소개하니 참고하면 좋겠다(2025년 1월 30일 현재). 다양한 경기 분석, 기술 설명, 그리고 실전 노하우를 통해 배드민턴 실력 향상에 도움을 주는 채널들이니, 기본기와 실전 감각을 키우고 싶다면 꼭 방문해 보길 권한다!

- 마형 TV: 구독자 5.58만 명, 동영상 441개
  - 채널 URL: https://www.youtube.com/@TV-ji2bp
- 원더플레이(전 국가대표 이용대 선수 채널): 구독자 9.82

만 명, 동영상 370개

- 채널 URL: https://www.youtube.com/@Wonderplay

2023년도 이용대배 배드민턴 대회(2023.10.28.) 중,
이용대 선수의 팬 사인회 현장에서

- 더콕 배드민턴: 구독자 4.57만 명, 동영상 342개
  - 채널 URL: https://www.youtube.com/@thecock_badminton
- 콕쳐(삼성생명 배드민턴단 공식 채널): 구독자 1.85만 명, 동영상 265개
  - 채널 URL: https://www.youtube.com/@samsunglife_badminton
- 민턴레슨 tube: 구독자 1.54만 명, 동영상 104개
  - 채널 URL: https://www.youtube.com/@mintontube

- 샤프스 샹콕: 구독자 8.85천 명, 동영상 172개
  - 채널 URL: https://www.youtube.com/@-shangcock

대회 출전 중 경기 장면

이론적인 학습: 배드민턴 전술 교과서의 도움

여전히 해결되지 않는 문제들이 있었다. 내 경기 운영 방식에는 부족한 점이 많았고, 경기 흐름을 읽는 능력이 부족했

다. 그래서 나는 배드민턴 전술 교재를 두 권 구입해 읽으며, 전체적인 전술 지식을 보강했다. 책을 읽으며 알게 된 것은 다음과 같다.

배드민턴에서 단순히 셔틀콕을 넘기는 것만으로 승리할 수 없다. 상대의 움직임을 예측하고, 다음 스텝을 미리 읽는 능력이 중요하다. 또한, 배드민턴은 강렬한 신체 경기이자 두뇌 싸움이기도 하다. 상대를 심리적으로 압박하고 실수를 유도하는 전략을 통해 경기의 주도권을 잡는 법도 익혔다. 과거에는 무작정 공격하는 스타일이었다면, 이제는 다양한 전술적 플레이를 익히고 이를 실전에 적용하며 플레이 스타일을 전략적으로 발전시켜 나가고 있다.

배드민턴은 단기간에 실력이 급상승하는 스포츠가 아니다. 하루아침에, 눈에 띄는 변화가 나타나지 않더라도, 꾸준한 개인 훈련과 영상 분석, 전략 학습을 병행하면 조금씩 성장할 수 있다.

이제는 경기에서 패배해도 실망하지 않는다. 오히려 패배 속에서 배울 점이 있다는 것을 알기 때문이다. 경기의 결과보다 중요한 것은 그 과정에서 무엇을 깨달았는가이다. 매 순간이 배움의 과정이다. 오늘의 작은 훈련과 노력이 더 강하게 만들어줄 것을 믿기에.

4장

1년 6개월 차_ 대회 출전으로 실전 감각 키우기

주말마다 대회 도전, 실전 경기의 긴장감과 파트너십

배드민턴을 시작한 지 1년 6개월이 지나면서, 나는 한 가지 확신을 하게 되었다. 실전 경기에서 느끼는 압박감과 돌발 상황은 단순한 연습만으로는 절대 극복할 수 없다는 것. 체육관에서 반복하는 기술 훈련은 분명 필수적이지만, 경기장 위에서는 그 이상의 것이 필요했다.

빠르게 이어지는 랠리에서 상대의 움직임을 읽는 능력. 이것은 실전 경험을 통해서 얻을 수 있다. 그래서 나는 실전 감각을 극대화하고 경기 운영 능력을 키우기 위해 한 달에 2~3회씩 개최되는 전남 시·군 대회에 가능한 한 빠지지 않고 참가하기로 결심했다.

체육관에서는 익숙한 환경에서 친숙한 회원들과 경기를 펼쳤지만, 대회장에서는 전혀 다른 분위기가 펼쳐졌다. 넓은 경기장, 많은 동호인이 지켜보는 가운데 펼쳐지는 치열한 경기, 코트에 들어서면 긴장감이 돈다. 이 긴장을 극복하기 위해 나는 여러 가지 방법을 시도했다. 경기 시작 1시간 전에 미리 도착해 몸을 충분히 풀고, 경기장의 분위기에 익숙해지는 시간을 가졌다. 또한, 심호흡하며 마음을 안정시키는 루틴을 만들었고, 이미지 트레이닝을 통해 '나는 평소처럼 플레이할 수 있다'라는 메시지를 자신에게 반복했다. 대회 참가 횟수가 늘어나면서, 어느 순간부터 코트에 들어서는 순간 긴장감은 다소 줄어들기 시작했다.

대회는 단지 몇 경기로 끝나는 일회성 경험이 아니었다. 매 순간이 값진 배움이었고, 파트너와의 팀워크가 얼마나 중요한지 절실히 깨달았다. 나는 고정된 파트너가 없었기에, 매번 새로운 사람과 호흡을 맞춰야 했다. 한 번은 나보다 훨씬 더 경험이 많은 선수와 한 팀이 되었다. 처음에는 내가 실수하면 어쩌나, 부족한 실력으로 팀에 폐를 끼치면 어쩌나 걱정이 앞섰다. 그러나 그 파트너는 내 불안함을 눈치채고 경기 전후에 자신의 장점과 부족한 점을 얘기하고 내 플레이를 분석해 주며 서로 시너지를 낼 수 있는 전략을 세워주었다.

"네트 앞에서 너무 서두르지 말고, 상대가 힘든 리턴을 하도록 유도하면 내가 공격적으로 마무리할게."
그의 조언에 따라 내 플레이를 당시 대회 경기에 적용하려고 했다. 우리는 단순히 같은 코트에 서 있는 두 사람이 아니라, 전략적으로 움직이며 한 몸처럼 조화를 이루는 팀이어야 했다. 그날의 경험은 진정한 팀워크는 서로의 부족함을 채워주는 과정임을 깨닫게 해주었다.

복식 경기에서는 상대뿐만 아니라 파트너의 플레이 스타일도 빠르게 파악하고 조율해야 한다. 체육관에서 연습할 때는 상대의 특징을 분석하고 대응 전략을 세울 시간이 충분했지만, 대회에서는 처음 만난 파트너와 단 몇 분 만에 호흡을 맞춰야 했다. 때로는 나와 전혀 다른 스타일의 파트너와 짝을 이루기도 했다. 공격적인 스타일의 파트너와 함께할 때는 빠른 랠리를 이어가며 득점을 노렸고, 수비적인 스타일의 파트너와는 상대를 지치게 만드는 지구력 싸움으로 경기를 풀어나갔다.

배드민턴 복식 경기는 신뢰와 협력이 바탕이 되는 팀 스포츠라는 것이었다. 순간적인 판단과 재빠른 움직임이 중요하지만, 무엇보다도 파트너와의 소통이 경기를 좌우했다. 서로의 위치를 확인하고, 플레이 스타일을 맞춰 가며 경기의 흐름을 조절하는 것이야말로 승리를 위한 핵심이었다. “내가 잘해야 한다"라는 생각을 넘어, "우리가 함께 이겨야 한다"라는 인식이 들기 시작하면서, 복식 경기가 한층 더 깊이 있는 경험으로 다가왔다.

한 번은 대회에서 상대적으로 우리 팀보다 구력과 실력이 강한 상대를 예선에 만나게 되었다. 경기 초반에는 상대의 강한 압박에 우리 팀은 서로 호흡이 맞지 않아 연속으로 실점을 허용했지만, 경기 도중 간단한 신호와 눈빛으로 소통하며 점점 더 자연스럽게 움직일 수 있었다. 결국, 마지막 순간 역전승을 거두었고, 경기 후 파트너와 하이 파이브를 나누며 짜릿한 기쁨을 만끽했다.

한 경기에서는 경기 초반에 큰 점수 차로 앞서가다가, 방심한 순간 연속 득점을 허용하며 역전패를 당했다. 그 패배는 내게 단순한 기술 부족이 아니라, 경기 후반부에도 나와 파트너 모두 집중력을 유지하는 것이 얼마나 중요한지를 깨닫게 했다.

특별히 기억에 남는 경기가 있다. 상대 팀은 반응 속도가 빠르고 공격이 날카로운 강팀이었다. 초반부터 밀리기 시작했고, 나와 파트너는 점점 위축되었다. 하지만 포기할 수는 없었다. 우리가 할 수 있는 것을 최대한 해보자는 다짐으로 다시 경기에 집중했다. 단순히 승패를 떠나 한 포인트라도 더 만들자는 생각으로 플레이했다. 그렇게 흐름을 타면서 점수를 따라잡았지만, 결국 마지막 순간 상대의 강력한 스매싱에 무너지고 말았다. 하지만 이번 패배는 달랐다. 경기 내내 집중력을 유지한 덕분에 우리의 플레이가 한층 발전했음을 느낄 수 있었다.

패배의 경험은 좌절이 아니라 배움이 된다. 실전에서 경험한 모든 순간이 내 플레이를 더욱 성숙하게 만들었다. 기술뿐만 아니라 경기 운영 능력, 정신력 관리, 그리고 파트너십을 맞추는 능력도 향상되고 있음을 느낄 수 있었다.

승리의 기쁨과 패배의 아쉬움

처음 배드민턴 대회에 출전했을 때를 떠올리면 아직도 그때의 느낌이 생생하다. 경기장에서 느껴지는 팽팽한 긴장감, 관중석에서 들려오는 응원과 함성, 그리고 결정적인 순간마다 터져 나오는 탄식과 환호. 코트 위에서는 선수들이 최고의 집중력을 발휘하며 한 포인트라도 더 따내기 위해 치열한 승부를 벌인다. 나는 단순히 경기에 참여하는 것만으로도 즐거웠다. 하지만 시간이 지나면서 단순한 참가를 넘어 '승리'라는 목표가 더욱 또렷해졌고, 그 목표를 이루기 위해 더 많이 훈련하고 전략을 고민해야 했다.

승리를 거둘 때의 기쁨은 말로 표현할 수 없을 정도로 짜릿하다. 특히 치열한 접전 끝에 거둔 승리는 더 값지다. 한 포인트 한 포인트를 쌓아가며 상대의 허점을 공략하고, 미리 세운 전략이 정확히 맞아떨어질 때의 희열은 배드민턴 하는 이유 중 하나다. 순간적인 판단과 몸의 반응이 하나로 어우러지며 완벽한 플레이를 펼칠 때, 그리고 그것이 결국 승리로 이어지는 순간, 성취감을 느낀다.

그중에서도 가장 짜릿한 순간은 승부가 걸린 마지막 랠리에서 내 샷이 상대 코트에 꽂히는 순간이다. 공이 네트 위를 가로질러 상대 코트 바닥을 강하게 때리는 소리와 함께 경기가 끝날 때, 온몸을 타고 전율이 흐른다. 파트너와의 하이 파이브, 그리고 자신에게 건네는 만족스러운 미소. 바로 이 순간을 위해 연습을 거듭하는 것이다.

하지만 승리만이 전부일 수는 없다. 패배는 언제나 따라오기 마련이다. 처음 대회에서 패배를 맛봤을 때의 충격은 이루 말할 수 없었다. 그날 밤, 라켓을 옆에 두고 앉아 홀로 '도대체 어디서 잘못된 걸까?' 고민하던 기억이 떠오른다. 패배는 처음에는 아프지만, 시간이 지나면서 그 의미가 달라지기 시작했다. 패배는 나의 부족한 점을 발견하고 보완할 수 있는 소중한 기회였다.

패배의 아쉬움을 곱씹으며 성장의 기회를 발견하는 과정은 무척 중요하다. 경기 중 어떤 점이 부족했는지, 어떤 전략이 효과적이었는지 분석하면서 다음 경기를 준비한다. 대회가 끝난 후 상대 팀과 이야기를 나누면서 그들이 사용한 전략과 우리가 보완해야 할 점을 파악했다. 경기 중에는 경쟁자로 맞섰지만, 끝나고 나면 우리는 모두 배드민턴을 사랑하는 동호인이었다. 그들의 조언을 들으며 다음 경기에서 어떤 점을 개선할 수 있을지를 고민했다.

패배를 통해 얻은 경험은 나를 더 단단하게 만들었다. 경기를 거듭할수록 배드민턴은 단순한 스포츠가 아니라 나의 인생철학이 되어가고 있었다. 승리의 기쁨도 크지만, 패배를 통해 배우는 점도 많았다. 기술적인 발전뿐만 아니라, 자신을 돌아보며 부족한 점을 채워가는 과정에서 점점 더 성숙해졌다.

어느 순간, 나는 대회 참가를 단순한 승패가 아닌 새로운 배움의 장으로 바라보게 되었다. 실전 감각을 익히고, 다양한 스타일의 상대를 경험하며, 내 플레이를 더욱 정교하게 다듬어 가는 과정. 이것이야말로 배드민턴의 진정한 매력이었다.

대회를 준비하는 과정도 이제는 하나의 즐거움이 되었다. 경기 전날, 라켓을 점검하고, 최적의 컨디션을 유지하기 위해 가벼운 스트레칭을 하며 마음을 가다듬는다. 경기 당일, 도착하자마자 몸을 충분히 풀고, 코트의 바운드를 확인하며 손끝 감각을 조율한다. 그리고 파트너와의 짧은 대화를 통해 전략을 공유하고, 경기에 대한 긴장감을 함께 풀어낸다. 이런 과정 하나하나가 대회 일부이며, 결국 그것들이 모여 나의 경기력을 향상시킨다.

경기를 치를 때마다 한층 더 성숙해지고, 한 경기 한 경기가 나를 더 나은 선수로 성장시키고 있다. 배드민턴 대회는 단순히 승패를 가르는 무대가 아니다. 그것은 자신을 시험하고, 한계를 뛰어넘으며, 파트너와 교류하며 함께 성장하는 과정이다. 그렇기에 나는 오늘도 새로운 도전에 나선다. 승리든 패배든, 그 끝에는 또 다른 배움과 성장이 기다리고 있을 테니까.

같은 클럽 회원이 대회장에서 내 경기를 본 뒤, 넌지시 다가와 말했다. “하 교수는 이젠 대회용이야. 대회에서 더 잘 집중하는 것 같아. 실전에서 오히려 플레이가 더 좋아”

내 생각도 그렇다. 처음에는 단순히 경기를 치르는 것만으로도 벅찼다. 하지만 이제는 다르다. 어느새 경기 운영을 고민하고, 상대의 약점을 분석하며, 순간순간 전략을 세우는 일이 자연스러워졌다. 대회에 나갈수록 깨달았다. 내 실력이 쌓이는 것 이상으로, 배드민턴이라는 스포츠의 본질에 더 깊이 다가가고 있다는걸.

나는 대회 참가를 단순한 승패의 무대로 보지 않는다. 그것은 또 다른 배움의 여정이다. 실전 감각을 익히고, 각기 다른 스타일의 상대를 마주하며, 내 플레이를 한층 더 정교하게 다듬어 가는 과정. 바로 이 끊임없는 도전과 변화 속에서 배드민턴의 진정한 매력이 빛난다.

누구나 실수를 통해 배운다. 패배를 통해 성장한다. 때로는 예상치 못한 승리가 나를 놀라게 하기도 한다. 하지만 어떤 결과든 중요하지 않다. 중요한 건 그 모든 순간이 나를 더 강하고 단단하게 만든다는 사실이다. 그래서 나는 여전히 열심히 대회를 준비하고 출전한다. 코트 위에서 또 한 번 나를 시험하고, 넘어지고, 일어서며, 결국 더 나은 실력을 만들어가기 위해.

배드민턴 대회는 나를 어떻게 변화시켰나?

처음 배드민턴 대회에 출전했을 때는 그저 새로운 경험을 쌓기 위한 도전이었다. 실력을 키우는 과정의 한 조각일 뿐이라 여겼고, 경기라는 것이 어떤 느낌인지 직접 체험해 보고 싶었다. 하지만 시간이 흐르면서 그 생각은 서서히 바뀌었다. 배드민턴 대회는 단순한 취미를 넘어, 내 삶을 변화시키는 중요한 축이 되었다.

경기 운영 방식부터 정신력 관리, 체력 조절까지—하나하나

신경 쓰는 법을 배웠다. 어느새 대회 출전은 특별한 이벤트가 아닌, 내 일상의 일부로 자리 잡았다. 배드민턴은 나를 정리해 주고, 새로운 목표를 부여하며, 매 순간 나를 이끌어주고 있다. 코트 위의 승패를 넘어, 나는 배드민턴이라는 이름 아래 성장하고 있었다.

바쁜 일상에서도 배드민턴은 어느새 나에게 중요한 루틴이 되었다. 평일에는 학생들을 가르치고 여러 학교 업무로 정신없이 하루를 보내지만, 레슨이 있는 저녁은 온전히 배드민턴에 집중하기 위해 대부분의 약속을 미뤘다. 처음에는 단순히 운동 시간을 확보하기 위한 선택이었다. 그러나 시간이 지날수록 그것은 경기 리듬을 유지하고, 실력을 끌어올리기 위한 필수 과정이 되었다.

주말이 되면 자연스럽게 대회에 출전했다. 실전 경험을 쌓기 위한 노력은 어느새 습관이 되었고, 반복되는 경기를 통해 중요한 깨달음을 얻었다. 경기 운영은 점점 더 유연해졌고, 코트 위의 나는 이전보다 한층 더 단단해졌다. 땀과 호흡, 승패를 넘어 배드민턴은 내 삶을 지탱하는 또 하나의 축이 되어 있었다. 그리고 그 과정에서 나는 매일, 조금씩 더 나아가고 있었다.

대회 출전은 단순한 스포츠 활동을 넘어 내 삶의 중요한 일부가 되었다. 그로 인해 나는 더 이상 새로운 도전을 두려워하지 않게 되었다. 초반에는 승패에 집착하며 긴장하기도 했지만, 시간이 흐르면서 알게 되었다. 중요한 건 결과가 아니라, 경기를 즐기는 순간 그 자체라는 것을. 이제 나는 코트 위에서의 모든 순간을 온전히 느끼며, 나 자신과의 진짜 승부를 즐길 수 있게 되었다.

일상이 배드민턴을 중심으로 재정리되면서 내 삶은 한층 더 체계적으로 변화했다. 체력 관리를 위해 규칙적으로 운동하고, 경기 감각을 유지하기 위해 꾸준히 라켓을 쥐었다. 단순한 취미를 넘어, 배드민턴은 내 하루의 리듬을 조율하는 나침반이 되었다. 몸이 단단해질수록 마음도 함께 다져졌고, 훈련과 연습을 거듭할수록 나 자신도 조금씩 더 견고해졌다. 그렇게 몸과 마음이 배드민턴이라는 한 축을 중심으로 차곡차곡 재정비되어 가고 있었다. 셔틀콕 하나에 집중하는 순간들이 쌓이며, 내 삶은 더욱 뚜렷한 방향과 목적을 찾아가고 있었다.

대회에 자주 참가하면서 만난 동호인들과의 교류는 배드민턴이 준 또 하나의 소중한 선물이었다. 경기 후에는 서로의 인사하고 좋은 플레이에는 박수를 보내고, 치열한 경쟁 끝에도 우리는 같은 스포츠를 사랑하는 동료로서 서로를 응원하고 격려했다. 그 과정에서 나는 단순한 기술을 넘어, 함께 성장하고 나누는 즐거움을 배웠다. 대회는 더 이상 단순히 승패를 가리는 무대가 아니었다. 그것은 배드민턴이라는 이름 아래 사람들과 연결되고, 경험을 나누며, 진정한 스포츠의 가치를 느끼는 소중한 공간이었다. 셔틀콕이 오가는 코트 위에서는 경쟁자가 되었지만, 코트 밖에서는 진심 어린 응원과 우정이 우리를 더 큰 성장으로 이끌고 있었다.

배드민턴 대회는 나에게 단순한 승패 이상의 많은 것을 가르쳐 주었다. 경기 운영 방식은 물론, 목표를 세우고 그 목표를 향해 꾸준히 나아가는 끈기, 도전을 두려워하지 않고 즐기는 태도, 그리고 패배를 통해 배우는 법까지.

처음에는 승리의 기쁨이 전부인 줄 알았다. 하지만 시간이 지날수록 깨달았다. 진정 값진 것은 승리의 순간이 아니라, 패배 속에서도 성장의 의미를 찾아가는 과정이라는 것을.

넘어지고 일어서는 그 반복 속에서 나는 더 강해졌고, 더 단단해졌다. 결국 중요한 건 이기는 것이 아니라, 자신을 끊임없이 넘어서는 법을 배우는 것이었다.

이제 나는 패배를 두려워하지 않는다. 한 경기, 한 경기가 나를 성장시키는 또 다른 기회이기 때문이다. 배드민턴 대회는 단순한 스포츠를 넘어, 내 삶을 더욱 깊고 의미 있게 만들어주는 여정이다. 그래서 나는 오늘도 주저하지 않고 새로운 도전을 준비한다. 승리든 패배든, 그 끝에는 또 다른 배움과 성장이 기다리고 있다는 것을 알기에. 중요한 건 결과가 아니라, 그 과정을 통해 더 나은 나를 발견하는 것이다. 그리고 바로 그 순간들이, 나를 진정한 승리로 이끈다.

5장

배드민턴을 즐기는 방법, 운동이 중심이 되는 관계의 힘

클럽 경기이사의 역할

배드민턴을 시작한 지 2년 차가 되면서, 나는 단순히 개인의 경기력을 향상하는 것을 넘어 클럽 운영에 직접 참여하는 기회를 얻게 되었다. 그중에서도 가장 뜻깊은 경험은 경기이사로 활동하며 클럽의 경기 운영 전반을 책임졌던 순간이었다.

배드민턴을 즐기던 한 명의 동호인에서, 이제는 클럽을 관리하고 발전시키는 역할을 맡게 된 것은 단순한 변화가 아니었다. 그것은 또 다른 도전이었고, 동시에 나 자신을 성장시키는 값진 배움의 과정이었다. 코트 위에서의 경기만큼이나, 사람들과 소통하고 함께 방향을 만들어가는 과정에서도 나는 배드민턴이 주는 깊은 가치를 발견할 수 있었다. 그렇게 배드민턴은 더 이상 나만의 스포츠가 아닌, 함께 나누고 이끌어가는 공동의 여정이 되었다.

클럽에서 경기이사의 역할은 단순한 경기 운영을 넘어, 클럽의 분위기를 조성하고 회원들이 즐겁게 운동할 수 있도록 돕는 핵심적인 자리다. 처음 경기이사를 맡았을 때, 클럽의 한 고문님이 이렇게 말씀하셨다. "경기이사의 역할은 클럽 운영의 70%를 차지할 만큼 중요한 자리이니, 잘 부탁합니다." 그 말이 마음 깊이 새겨졌다.

정말 그랬다. 경기이사는 회원들의 경기력 향상뿐만 아니라, 클럽의 단합과 활력을 이끄는 중심축이었다. 나는 경기이사로서 레슨자를 체계적으로 관리하고, 월례대회를 더욱 흥미롭고 의미 있게 기획하기 위해 노력했다. 또한, 더 많은 회원이 전남 시·군 대회에 참가할 수 있도록 독려하며, 단순한 참여를 넘어 함께 성장하고 도전하는 클럽 문화를 만들고자 했다. 이 모든 과정이 배드민턴을 넘어, 사람과 사람을 연결하고 클럽이라는 공동체를 더 단단하게 만드는 값진 경험이었다.

클럽에서 경기이사를 맡으면서 가장 먼저 변화의 필요성을 느낀 부분은 레슨 운영이었다. 이전에는 체육관에 도착한 순서대로 레슨이 진행되었지만, 회원 수가 늘어나면서 누가 먼저 왔는지, 내 차례가 언제인지 헷갈리는 일이 잦았다. 이에 따라 불필요한 혼선과 불편함이 생기곤 했다.

이 문제를 해결하기 위해, 나는 레슨 진행 방식을 더욱 체계적으로 개선했다. 먼저, 레슨을 원하는 회원들이 자신의 이름을 적을 수 있는 레슨자 칠판을 도입했다. 이를 통해 회원들은 도착한 순서대로 레슨을 받을 수 있었고, 대기자 명단을 실시간으로 확인할 수 있어 불필요한 혼란을 줄일 수 있었다. 이러한 시도를 통해 회원들은 경기와 레슨을 효율적으로 조율할 수 있었고, 레슨에 더 집중할 수 있는 환경이 자연스럽게 조성되었다. 작은 변화였지만, 이 시스템은 클럽의 레슨 문화를 한층 더 체계적이고 효율적으로 만드는 중요한 전환점이 되었다.

또한, 클럽의 레슨 문화를 개선하기 위해 '레슨자 준수사항'을 게시했다. 레슨이 단순한 개인의 훈련이 아닌, 모두가 함께 성장하는 과정이 되길 바라는 마음에서였다.

첫째, "게임보다는 레슨이 중요하다"라는 원칙을 통해, 회원들이 경기에 집중하느라 레슨 순서를 놓치는 일이 없도록 했다. 레슨의 가치를 우선시함으로써 실력 향상에 더욱 집중할 수 있는 분위기를 만들었다.

둘째, 셔틀콕 정리와 뒷정리의 중요성을 강조했다. 레슨은 개인의 성장뿐만 아니라 서로 배려하고 협력하는 과정임을 알리고자 했다. 셔틀콕을 함께 정리하는 작은 행동이지만,

이는 클럽의 단합을 상징하는 중요한 부분이었다.

셋째, 각종 기한을 지키는 습관을 통해 클럽 운영의 효율성을 높였다. 레슨 신청이나 대회 참가 같은 일정은 개인의 책임감을 키우는 동시에 클럽 전체의 질서를 유지하는 기반이 되었다.

마지막으로, 타 클럽 회원들도 많이 방문하여 레슨을 받고 있었기에 서로 인사하며 긍정적인 분위기를 조성했다. 함께 인사를 나누는 것은 단순한 형식이 아닌, 서로에 대한 존중과 배려를 표현하는 중요한 문화로 자리 잡았다.

이러한 작은 변화들이 쌓이며 클럽의 레슨 문화는 점차 더 체계적이고 따뜻한 방향으로 변화했다. 무엇보다도, 레슨이 단순한 기술 습득의 시간이 아니라, 함께 성장하고 소통하는 값진 시간으로 자리 잡았다는 것이 가장 큰 성과였다.

배드민턴을 즐기는 회원들에게 대회는 단순한 경기를 넘어서는 특별한 의미를 지닌다. 대회 참가를 통해 실전 경기 감각을 끌어올리고, 자신의 실력을 점검하며 더 높은 단계로 승급할 수 있는 기회를 얻기 때문이다. 전남배드민턴협회에

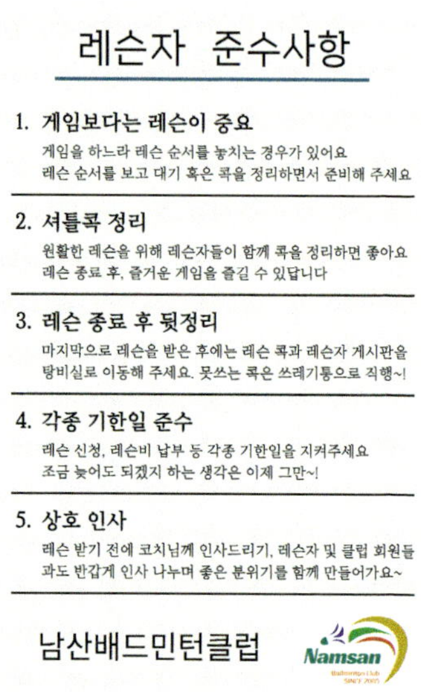

레슨자 준수사항

1. 게임보다는 레슨이 중요

게임을 하느라 레슨 순서를 놓치는 경우가 있어요
레슨 순서를 보고 대기 혹은 콕을 정리하면서 준비해 주세요

2. 셔틀콕 정리

원활한 레슨을 위해 레슨자들이 함께 콕을 정리하면 좋아요
레슨 종료 후, 즐거운 게임을 즐길 수 있답니다

3. 레슨 종료 후 뒷정리

마지막으로 레슨을 받은 후에는 레슨 콕과 레슨자 게시판을
탕비실로 이동해 주세요. 못쓰는 콕은 쓰레기통으로 직행~!

4. 각종 기한일 준수

레슨 신청, 레슨비 납부 등 각종 기한일을 지켜주세요
조금 늦어도 되겠지 하는 생각은 이제 그만~!

5. 상호 인사

레슨 받기 전에 코치님께 인사드리기, 레슨자 및 클럽 회원들
과도 반갑게 인사 나누며 좋은 분위기를 함께 만들어가요~

남산배드민턴클럽

순천남산배드민턴클럽 레슨 공지문 및 레슨자 준수사항

서 주관하는 대회는 주로 3월부터 12월까지 이어지며, 나는 경기이사로서 회원들이 더욱 원활하게 대회에 참가할 수 있도록 다양한 역할을 맡았다. 대회 일정이 발표되면 빠르게 정보를 공유하고, 참가 신청과 접수, 그리고 대회 참가비 납부까지 지원했다.

이 과정은 단순한 행정 지원 업무가 아니었다. 그것은 회원들이 대회 참가를 통해 성장해 나가는 회원들의 모습을 지

켜보는 것은 그 자체로 깊은 뿌듯함을 안겨주었다.

대회가 끝난 후, 나는 회원들의 값진 성과를 함께 나누는 것도 경기이사의 주요 역할이다. 바로 입상 소식과 사진을 공유하는 일이었다. 회원들이 땀과 노력으로 거둔 결과를 클럽 밴드에 게시하면서, 그들의 환한 웃음과 기쁨의 순간을 사진으로 공유했다. 작은 글 한 줄, 한 장의 사진이었지만, 그 안에는 도전의 과정과 성취의 기쁨이 고스란히 담겨 있었다. 이러한 소식은 다른 회원들에게도 긍정적인 자극이 되었다. 누군가의 성공은 또 다른 누군가의 도전이 되었고, 함께 축하하는 그 순간들이 클럽을 더욱 끈끈하게 이어주는 따뜻한 연결고리가 되었다. 승리의 기쁨은 개인 회원의 것이 아닌, 모두가 함께 나누는 특별한 이야기로 남았다.

대회 참가를 통한 회원들의 성장은 곧 클럽의 성장으로 이어졌고, 나에게도 소중한 배움의 기회를 선사했다. 단순히 대회를 준비하고 지원하는 것을 넘어, 함께 도전하고 성장하는 여정에 동행하는 것—그것이야말로 경기이사로서 느낄 수 있는 가장 큰 보람이었다.

그리고 파트너를 구하지 못한 회원들에게 적절한 파트너를 찾아주는 것도 경기이사의 중요한 역할 중 하나였다. 지금은 BK PLAY 플랫폼을 통해 회원들이 직접 신청하고 관리할 수 있는 방식으로 바뀌었지만, 초기에는 모든 과정이 경기이사의 손을 거쳐야 했다. 당시 나는 출전 명단을 직접 정리하고, 회원들의 생년, 이름, 급수 등을 꼼꼼히 확인한 뒤 순천시배드민턴협회에 제출해야 했다. 이 과정에서 작은 정보 오류 하나라도 발생하면 출전하는 회원들에게 직접적인 피해로 이어질 수 있었기에, 매번 세심한 주의가 필요했다.

특히, 파트너 매칭은 단순한 조합이 아닌, 회원들의 실력과 경기 스타일까지 고려해야 했다. 회원들이 대회에서 최고의 기량을 발휘할 수 있도록 돕는 중요한 역할이었다. 그 세심한 과정에서 나는 클럽 운영의 또 다른 책임감을 배우고, 회원들의 신뢰를 쌓아갈 수 있었다.

2023년부터 우리 클럽은 한 해 동안의 대회 참가와 성과를 기념하기 위해 연말에 작지만 의미 있는 시상식을 마련했다. 이 시상은 대회에 참가한 회원들의 노력과 열정을 공식적으로 인정하고 함께 축하하는 자리였다. 대회 참가 횟수, 우승 및 준우승 성적, 급수 승급, 그리고 클럽 기여도까지 다양한 기준을 종합적으로 반영해 수상자를 선정했다.

이 시상 제도는 클럽에 새로운 활력을 불어넣었다. 회원들은 대회를 준비하는 과정에서 더 큰 목표 의식을 갖게 되었고, 서로를 응원하며 성장하는 분위기가 자연스럽게 자리 잡았다. 무엇보다도, 한 해의 마지막을 함께 돌아보며 서로의 노력을 격려하는 이 시상식은, 배드민턴이라는 스포츠를 넘어 우정과 도전의 가치를 나누는 특별한 시간이 되었다.

경기이사로서 내가 맡은 또 하나의 역할은 바로 클럽 월례대회를 주관하고 운영하는 일이었다. 한 달에 한 번 열리는 이 대회는 회원들이 서로 친목을 다지고 실력을 점검하며, 건전한 경쟁심을 키울 수 있는 소중한 자리였다.

월례대회를 원활하게 운영하기 위해 가장 신경 쓴 부분은 경기 방식과 파트너 배정이었다. 회원들의 실력 차이가 존재하기 때문에 누구에게는 유리하고, 또 누구에게는 불리할 수 있는 상황을 최소화하고자 했다. 이를 위해 급수별로 그룹화하고, 실력을 안배하여 균형 있는 팀을 구성했다. 이렇게 구성한 명단은 사전에 밴드에 공지해 회원들의 의견을 수렴하고 조율함으로써, 가능한 모든 회원이 즐겁게 참여

순천남산배드민턴클럽 경기부
시상 계획 안내문

할 수 있는 환경을 만들고자 노력했다.

하지만 대회를 운영하면서 가장 큰 도전은 늘 예상치 못한 변수였다. 참가 신청을 해놓고 갑자기 불참하는 회원이 생기거나, 반대로 참가 의사가 없던 회원이 당일 경기장에 나타나 경기에 참여하고 싶어 하는 경우가 많았다. 이런 상황에서는 현장에서 신속하게 출전 명단을 조정하고, 회원들의 희망 사항을 최대한 반영하면서도 경기의 공정성을 유지하는 것이 중요했다.

월례대회를 더욱 흥미롭고 특별한 시간으로 만들기 위해 나는 가족 경기, 초심부 경기 등 다양한 이벤트 경기를 기획했다. 이런 특별한 경기는 회원들에게 색다른 즐거움과 추억을 선사했다. 이러한 이벤트들은 클럽의 분위기를 한층 더 따뜻하고 활기차게 만들었다. 경기장의 긴장감 속에도 웃음이 가득했고, 코트 위에서는 서로가 경쟁자가 아닌 응원자이자 동료라는 따뜻한 유대감이 자연스럽게 형성됐다. 월례대회는 단지 경기만 하고 2차 자리로 가는 행사가 아니다. 그것은 함께 웃고, 배우고, 성장하는 시간이었다. 경기를 통해 실력을 겨루는 것 이상으로, 회원들이 서로를 이해하고 격려하는 과정이었으며, 배드민턴이라는 스포츠가 사람과 사람을 어떻게 연결하는지를 보여주는 소중한 무대였다.

그 속에서 나 역시 더 나은 운영자로, 그리고 더 깊이 배드민턴을 사랑하는 동호인으로 성장할 수 있었다. 코트 위에서의 작은 배려, 경기 후 나누는 짧은 인사, 함께 웃으며 기뻐하는 순간들—이 모든 것이 내가 배드민턴을 통해 얻은 가장 값진 배움이었다.

월례대회가 끝난 후, 회원들이 그날의 열정과 추억을 오래 간직할 수 있도록 영상을 제작하는 새로운 시도를 했다. 월례대회를 진행하면서 동시에 셀카봉을 들고 회원들의 경기 사진을 찍고, 코트 위에서 펼쳐지는 치열한 랠리와 환한 웃음, 그리고 작지만 소중한 순간들을 하나하나 담아내고자 했다.

2023년 순천남산배드민턴클럽 자체 청백전 팀별 기념사진 (2023년 1월 26일)

경기가 끝난 뒤에는 촬영한 영상을 정성스럽게 편집해 클럽 밴드에 공유했다. 처음에는 단순한 기록의 의미였지만, 예상보다 회원들의 반응은 뜨거웠다. "재미있게 잘 봤어요. 수고 많았어요"라는 따뜻한 격려와 응원의 말들이 쏟아졌다.

이렇게 영상이 공유되면서 클럽 활동에 대한 애정은 자연스럽게 커졌다. 단순한 경기 기록을 넘어, 함께한 시간의 가치를 나누는 매개체가 되었기 때문이다. 영상을 보며 웃고, 서로의 플레이를 돌아보며 격려하는 과정에서 회원들 간의 유대감도 깊어졌다. 배드민턴이라는 스포츠가 경기의 즐거움뿐만 아니라, 사람과 사람을 이어주는 따뜻한 연결고리가 될 수 있다는 것을, 이 작은 시도가 뜻깊었던 이유이다.

경기이사로서의 역할은 단순히 경기를 운영하는 것을 넘어, 회원들의 즐거움을 극대화하고 클럽에 활력을 불어넣는 일이었다. 체계적인 레슨자 관리, 흥미로운 월례대회 운영, 그리고 각종 대회 참가 독려를 통해 클럽이 점점 더 활기를 띠고, 성장해 나가는 모습을 지켜보는 것은 무엇보다 큰 보람이었다.

나는 회원들이 배드민턴을 더 즐겁고 의미 있는 경험으로 받아들일 수 있도록 돕고 있었다. 레슨 하나, 대회 하나, 경기의 작은 순간까지—그 모든 과정이 회원들의 성장과 클럽의 발전으로 이어지는 것을 보며, 나 역시 함께 성장하고 있다는 것을 느꼈다.

이 책을 읽는 독자 중에는 앞으로 경기이사로 활동하게 될 분들도 있을 것이다. 그래서 나는 그분들을 위해, 동호회에서 모든 회원이 함께 즐길 수 있는 몇 가지 특별한 이벤트 활동을 소개하고자 한다. 이벤트는 단순한 프로그램이 아

2025년도 남산배드민턴클럽 회장 이취임식 및 창단 20주년 기념식

닌, 회원들이 서로 소통하고, 웃음을 나누며, 클럽의 분위기를 더욱 따뜻하게 만들어주는 중요한 요소다. 작은 아이디어 하나가 회원들의 열정을 불러일으키고, 클럽에 새로운 활력을 불어넣을 수 있기 때문이다.

이제부터 소개할 이벤트들은 내가 직접 고민하고, 시행착오를 겪으며 얻은 것들이다. 아마 이 활동들이 여러분의 클럽에서도 작은 변화의 시작점이 되기를 바라며, 회원들이 더 즐겁고 의미 있는 시간을 보내는 방법을 함께 나눠보려 한다. 결국, 배드민턴은 경기를 넘어 사람과 사람을 연결하는 즐거운 여정이니까.

민턴 다트

- 게임 설명: 라켓으로 셔틀콕을 쳐서 과녁에 넣기
- 참가 인원: 1명씩 차례대로 시도 (개인전)
- 준비물: 큰 원형 다트판
- 진행 방식: 일정 거리를 두고 바닥에 큰 원형 다트판을 배치 (3점, 5점, 10점 구역 설정)
- 참가자는 정해진 거리에서 라켓으로 셔틀콕을 과녁 안으

로 치기 (세 번의 기회 동안 가장 높은 점수를 얻은 사람이 우승)
- 변형 버전: 초급자는 가까이, 상급자는 멀리서 시도

셔틀콕 바구니 넣기

- 게임 설명: 라켓으로 셔틀콕을 바구니에 넣는 게임
- 참가 인원: 1명씩 차례대로 시도 (개인전) (또는 팀전도 가능)
- 필요한 준비물: 셔틀콕, 바구니
- 진행 방식: 바구니를 코트 네트 반대편에 배치. 참가자는 네트 반대편에서 셔틀콕을 라켓으로 쳐서 바구니에 넣어야 함
- 변형 버전: 팀전으로 할 때 릴레이 방식으로 한 명씩 도전

8인 협동 배드민턴

- 게임 설명: 2개 코트에 팀별로 8명이 한꺼번에 경기
- 참가 인원: 8명 (한 팀당)
- 진행 방식: 팀별로 4명이 앞에, 4명은 뒤에 위치함. 앞 2번째 선수부터 서브를 넣고, 함께 경기함. 15점을 획득할 때

2024년 순천남산클럽 회장 이취임식(2024년 1월 13일) 후
이벤트 활동(셔틀콕 바구니 넣기)

까지 경기함. 점수를 잃은 팀은 선수들이 자리를 바꿔 이동하고, 득점한 팀은 그대로 경기함

- 변형 버전: 남녀 선수가 있으면, 남자팀이 먼저 시작해서 5점을 내면, 여자팀으로 교체하고 여자팀 경기에서 5점을 먼저 내면 다시 남자팀으로 교체해서 최종 25점을 먼저 획득하는 팀이 승리

땀과 열정의 작은 결실

2023년은 그야말로 내 삶에서 배드민턴이 가장 깊이 뿌리내린 한 해였다. 항상 코트를 누비고, 많은 대회에 출전하며, 클럽 운영까지 돕는 사이, 어느새 내 여가는 온전히 배드민턴으로 가득 채워져 있었다. 학교 일을 마치면 체육관이 마치 나를 자석처럼 끌어당기는 듯했고, 주중에는 대회 신청을 준비하고, 주말이면 자연스럽게 대회장으로 향하는 것이 당연한 일상이 되었다.

체육관을 향하기 전부터 하는 생각은,
"오늘은 어떤 연습을 할까?"
"어떤 기술을 더 보완해야 할까?"
그리고 하루를 마무리할 땐 어김없이,
"오늘 배운 점은 무엇일까?"
"어떤 부분이 더 성장했을까?"
를 되새기며 복기했다.

이렇게 나의 하루는 어느새 배드민턴은 취미를 넘어 내 삶의 중심이자, 날마다 활기차게 이끄는 동력이 되어 있었다.

그렇게 1년을 쉼 없이 달려온 끝에, 나는 마침내 순천시배드민턴협회에서 주는 '우수 동호인상'을 받았다! 이 상은 대회 출전 횟수나 성적이 우수한 동호인에게 주어지는 것이었지만, 나에게는 그 이상의 의미가 있었다. 그것은 메달 하나, 트로피 하나로 정의할 수 없는 내 시간의 기록이자, 노력의 흔적이었다. 이 상은 대회에서 거둔 결과를 넘어, 내가 얼마나 꾸준히, 그리고 얼마나 진심을 담아 배드민턴과 함께해 왔는지를 증명하는 작은 증거였다.

상을 받는 순간, 지난 1년간의 땀방울과 수많은 랠리, 코트 위에서의 아쉬움과 환희, 그리고 모든 도전의 순간들이 파노라마처럼 스쳐 지나갔다. 이 상은 결과의 상징이 아니라, 과정의 가치를 담은 특별한 의미로 내 마음에 깊이 새겨졌다.

하지만 이것이 끝이 아니었다. 클럽을 위해 쏟은 노력의 결실로, 2024년 1월 클럽 회장 이·취임식에서 또 하나의 뜻깊은 상을 받았다. "클럽을 위해 헌신적으로 노력한 것을 인정하여 '공로상'을 수여합니다."

배드민턴을 열심히 한 것도 분명 기뻤지만, 내가 속한 클럽에서 인정받았다는 사실은 그 어떤 성적보다 더 큰 의미로

2023년도 순천시배드민턴협회 유공자 시상식
(오른쪽이 나, 가운데는 김용선 전임 순천시배드민턴협회장)

다가왔다. 이 상은 나 혼자만의 성취가 아니라, 함께 땀 흘리고, 웃고, 성장한 동료들과의 여정이 남긴 흔적이었다.

클럽이 성장하는 데 작은 보탬이 되었다는 것, 그리고 동료들과 함께 만들어가는 이 공동체 안에서 나 역시 한 걸음 더 성장하고 있다는 사실이 마음 깊이 와닿았다. 배드민턴은 코트 위의 경기만이 아니라, 함께 만들어가는 과정에 진정한 가치가 있다는 것을 다시금 깨닫는 순간이었다.

2024년 순천남산배드민턴클럽 회장 이취임식에서 공로상 수상
(오른쪽이 나, 왼쪽은 최웅철 18대 순천남산배드민턴회장)

SSF77 뱀띠 모임과 대회에서 만난 홀릭커들

배드민턴을 통해 얻은 가장 큰 변화 중 하나는 새로운 인연들과의 네트워킹이었다. 클럽 안에서만 활동하던 범위를 넘어, 다양한 클럽 회원들과 교류하고 순천을 넘어 전남 각 지역의 동호인들과도 자연스럽게 관계를 맺을 수 있었다. 대회장에서 처음 만난 이들과도 몇 번의 경기를 함께하다 보니 점점 친밀해졌고, 이제는 서로 안부를 주고받는 배드

민턴으로 이어진 친구들이 되었다.

특히, 'SSF77'이라는 모임은 나에게 새로운 즐거움을 선사했다. 이 모임은 같은 1977년생 동호인들이 매달 한 번씩 모여 운동하며 유대감을 쌓는 친목 모임이었다. 2023년 1월 첫 모임에 나갔을 때는 친구들이라 해도 어색했지만, 함께 운동하며 함께 웃고 즐기는 시간으로 채워졌다. 특히나 친구 중에 S급이 많아 실력이 부족한 나는 친구들의 도움을 많이 받았다. 경기를 하고 나면 세세한 부분까지 세심히 알려주는 친구들 덕분에 미처 신경 쓰지 못한 부분을

순천시에서 배드민턴을 즐기는 1977년생 뱀띠 모임인 SSF77 정모

SSF77 정모 중 경기 장면

향상시킬 수 있었다. 한 번은 내가 서브 리시브에서 상대를 잘 공략하지 못하는 모습을 보고, 한 친구가 다가와 자신의 노하우를 전수해 주었다. 그 친구는 경기 중 어떻게 상대의 서브 패턴을 읽고, 어떤 타이밍에 반응해야 하는지 세세하게 설명해주었고, 나는 그날 이후로 리시브가 훨씬 더 안정되고 자신감도 생겼다. 작년 말에는 광주와 전남에서 배드민턴을 즐기는 1977년생 동호인들과 새로운 모임을 시작하며 배드민턴 네트워크는 순천을 넘어 광주와 전남 전역으로 확장되었다.

그리고 전남 시·군 대회에서 만난 '대회 홀릭커'들은 내 배드

광주·전남에서 배드민턴을 즐기는 1977년생 뱀띠 모임인
77 광주·전남 프렌즈콕 정모

77 광주·전남 프렌즈콕 모임 친구인 강진 엄혜경(오른쪽)

민턴 생활에 또 다른 즐거움과 활력을 더해주었다. 이들은 배드민턴 대회를 진심으로 즐기고, 거의 매주 빠짐없이 대회에 참가하는 열정 가득한 동호인들이었다. 같은 급수와 비슷한 연령대를 가진 이들과 함께 경기를 치르며, 나 역시 그들의 열정과 끈기에 큰 자극을 받았다.

코트 위에서 펼쳐지는 치열한 랠리, 경기 후 나누는 짧은 대화, 그리고 서로의 플레이를 분석하며 주고받는 피드백 속에서 나는 배드민턴의 진짜 매력을 다시금 느낄 수 있었다. 이들과의 만남은 나에게 단순한 경쟁 이상의 의미였다. 그들의 모습은 나에게 끝없이 성장하고자 하는 동기부여의 원천이 되었다. 함께 경기를 준비하고, 때론 승패를 나누면서도 끈끈한 동료애가 쌓여 갔다. 친분이 쌓인 사람들과는 대회 전에 연락해서 정보를 주고받고 종종 팀을 이루어 경기에 출전하기도 했다. 이 과정에서 배드민턴은 더 이상 나 혼자만의 도전이 아닌, 서로를 응원하고 자극하며 함께 성장하는 여정이 되었다.

배드민턴은 사람과 사람을 연결하는 강력한 매개체다. 클럽 안에서의 따뜻한 친목은 물론, 대회장에서 만난 이들과도 인연을 이어가며 서로에게 배우고 함께 성장하는 과정. 이것이야말로 배드민턴의 진정한 매력이다. SSF77 모임에서 쌓아온 끈끈한 유대감, 그리고 대회 홀릭커들과의 치열한 경쟁과 협력 속에서 나는 중요한 깨달음을 얻었다. 배드민턴은 단순히 코트 위에서 승패를 가리는 게임이 아니었다. 그 이상의 가치가 있었다.

나는 경기에서 이기기 위해서만 라켓을 쥐는 것이 아니었다. 함께 땀 흘리고, 배우고, 도전하며 나를 발견하는 시간이었고, 그 과정에서 더 깊은 관계를 쌓고, 더 넓은 세상을 만나고 있었다. 결국 배드민턴은 내 삶을 더 풍성하게 만들어주는 길이었다. 셔틀콕이 오가는 그 짧은 순간들 속에 도전의 의미, 성장의 기쁨, 그리고 사람과 사람을 잇는 따뜻한 연결이 담겨 있었다. 그리고 그 모든 순간이 모여, 지금의 나를 완성해 가고 있다.

배드민턴 대회와 함께하는 소박한 여행의 추억

배드민턴을 통해 얻은 특별한 즐거움 중 하나는 바로 소박한 여행이다. 경기도와 충청도를 거쳐 전라남도 순천에 이

주한 지 10년이 되었다. 주말마다 전남 22개 시·군을 오가며 열리는 대회에 참가하며 경기 참여를 넘어 지역의 문화와 음식을 이해하는 시간이 되었다. 처음에는 그저 대회 출전을 위해 이동하는 과정일 뿐이었다. 그러나 대회가 거듭될수록 이 이동이 작은 여행의 시작처럼 느껴지기 시작했다. 경기장의 긴장감 속에서 최선을 다한 후, 낯선 도시의 거리로 나서는 순간은 또 다른 설렘이었다.

배드민턴을 하며 자연스럽게 새로운 곳을 방문하고, 경기가 끝난 후에는 그 지역의 숨은 명소를 둘러보고, 맛있는 음식을 즐기는 것이 하나의 즐거운 패턴이 되었다. 대회 일정 속에서도 잠시 틈을 내어 지역 특산물 시장을 거닐거나, 평소 가보지 못했던 풍경을 마주하는 순간은 경기에서의 땀과는 또 다른 의미로 나를 채워주었다. 이렇게 배드민턴은 내게 운동 이상의 즐거움을 선사했다. 배드민턴 대회를 다니며, 나는 새로운 곳에서 새로운 사람들과 인연을 맺고, 또 하나의 특별한 추억을 만들어가고 있었다. 경기와 여행이 맞닿은 이 여정이야말로 배드민턴이 줄 수 있는 큰 선물이다.

예를 들어, 진도에서 열린 대회에 참가했을 때는 하루의 경기 일정을 마친 후 현지의 해산물 맛집을 찾아가 진도의 특색 있는 음식을 맛보았다. 식사 자리에서는 그날의 경기를 복기하며 서로의 플레이에 대한 피드백을 나누었다. '이 샷은 더 보완해야겠어.', '다음 대회에서는 이런 전략을 써보자.' 같은 이야기들이 오갔고, 그러면서도 "이곳에서 다시 대회를 하면 꼭 다시 오자."라며 새로운 추억을 쌓아갔다. 경기 내내 긴장 속에서 치열한 승부를 펼쳤지만, 저녁이 되어 테이블에 둘러앉아 해산물 한 상을 펼쳐놓고 나누는 대화 속에는 진정한 교류가 있었다.

식사를 마친 후에는 바닷가를 거닐었다. 어두워진 하늘 아래로 잔잔한 파도가 밀려왔고, 그 소리를 들으며 경기 중의 아쉬움과 기쁨을 곱씹었다. '다음에는 더 잘할 수 있겠지.'라고 스스로 다짐하며, 다음날 있을 남자복식 경기를 준비하는 마음을 다졌다. 해변에서 맞는 바닷바람은 경기 중 쌓였던 긴장을 풀어주는 동시에 또 다른 도전을 향한 의지를 새롭게 다지게 해주었다.

목포에서 열린 대회에서는 또 다른 특별한 경험이 기다리고 있었다. 경기가 끝난 후, 목포 시내를 내려다보는 야경을 감상했다. 경기를 마친 후라 다리가 무거웠지만, 탁 트인 도시의 풍경은 마치 경기에서의 긴장감을 내려놓고 새로운 시야를 선물하는 듯했다. 시원한 바람을 맞으며 함께 이들과 "이런 풍경도 보려고 대회를 다니는 거 아닐까?"라는 이야기를 나누었다. 그 순간, 배드민턴을 통해 삶이 더욱 풍요로워지고 있다는 것을 실감했다.

첫날 경기를 마치고 시골에 있는 작은 카페에서 여유로운 시간을 보내기도 한다. 경기 중에는 못했던 배드민턴 이야기, 그리고 일상에 관한 이야기도 나누었다. 평소에 나누지 못했던 이야기를 자유롭게 나누며 웃음꽃을 피우기도 한다.

이러한 소박한 여행들은 경기의 긴장감을 풀어주는 것을 넘어, 배드민턴이 내 삶 속에 얼마나 깊이 스며들었는지를 깨닫게 해주었다. 대회 결과와 상관없이, 새로운 곳에서 새로운 경험을 쌓는 일 자체로서 즐거웠다. 코트 위의 땀방울과 여행길의 발자국이 하나로 이어지며, 배드민턴은 내 삶을 더 풍요롭고 특별하게 했다. 결국, 배드민턴은 내게 새로운 이야기를 만들어주는 동반자가 아닐까?

6장

2년 차_ 2년 만에 초심에서 B급으로 도약, 이제는 A급을 향해

초심에서 B급으로

대회 경험이 쌓이면서 나의 목표는 점점 더 구체화되었다. "2022년이 끝나기 전에 초심부 우승을 하겠다!"나는 이 목표를 마음속으로만 품지 않았다. 가까운 클럽 회원들에게도 선언했다. 스스로 약속한 목표가 아닌, 이제는 함께 지켜보는 사람들 앞에서 지켜야 할 다짐이 된 것이다.

하지만 그 과정은 절대 쉽지 않았다.
대회에 나갈 때마다 반복된 좌절—예선 탈락, 본선 진출 후 바로 탈락, 간신히 8강 진출, 아쉽게 4강에서의 탈락.

매번 아쉬움이 남았지만, 나는 포기하지 않았다.
그리고 마침내, 2022년 마지막 대회, 나주에서 열린 '페어컵'에서 나는 마침내 첫 우승을 차지했다.
그토록 간절히 바라던 초심부 우승. 그리고 기다려온 D급 승급!

경기에서 마지막 점수를 따낸 순간, 코트를 벗어나면서 벅찬 감격이 밀려왔다. 이 순간은 누가 만들어준 것이 아니었다. 내 두 손으로, 내 땀으로, 내 끈기로 이뤄낸 승리였기에 무엇과도 바꿀 수 없는 값진 보상이었다.

2022년도 나주 페어컵
(45대 초심부) 우승 사진
(오른쪽이 나, 왼쪽은 파트너
목포석현클럽 최차운)

초심부 우승의 기쁨에 머무를 틈도 없이, 나는 새로운 목표를 세웠다. D급에 안주할 수 없었다. 더 높은 곳을 향해 나아가야 했다. 나는 D급 선수로서 C급 경기에도 과감히 도전하며 실전 경험을 쌓아갔다. 매 대회가 새로운 도전이었고, 그 안에서 얻은 작은 깨달음들이 모여 나를 성장시켰다. 멈추지 않고, 끊임없이 갈고 닦으며, 또 한 번 나를 넘어서기 위해.

2023년도 전남 여성 및 시니어 배드민턴 대회(45대 혼복 D급) 우승
(오른쪽이 나, 왼쪽은 파트너 해남땅끝클럽 최화숙)

2023년 6월 3일, 정남진 장흥대회.

나는 마침내 C급에서도 우승을 차지하며 D급을 넘어섰다. 하지만 여기서 멈추지 않고, 같은 해 9월 16일, 전라남도의 장기대회에서 나는 또 한 번 C급 우승을 거머쥐었다. 이 두 번의 우승으로 승점 2점을 획득하며, 마침내 B급 승급을 확정 지었다.

특히 이날의 우승은 더 짜릿했다. 예선전에서 우리 팀을 16:25로 압도했던 여수 팀과 결승전에서 다시 마주한 것이다. 그리고 우리는 예선전 점수 그대로, 25:16으로 통쾌한

2023년도 정남진 장흥 배드민턴 대회(40대 C급) 우승 사진 (왼쪽이 나, 오른쪽은 파트너 보성클럽 최일)

2023년도 정남진 장흥 배드민턴 대회(40대 C급) 결승전 점수

2023년도 제5회 전라남도 의장기 배드민턴 대회(45대 C급) 우승 사진
(왼쪽이 나, 오른쪽은 파트너 순천남산클럽 윤민호)

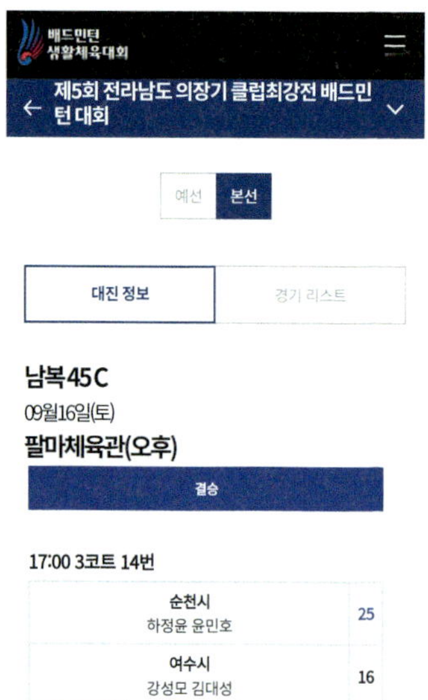

2023년도 제5회 전라남도 의장기
배드민턴 대회(45대 C급) 결승전 점수

승리를 거뒀다. 예선전 패배의 아쉬움이 결승전 승리의 짜릿함으로 뒤바뀌는 순간이었다.

그리고 나는 그 순간, 다시 한번 배웠다.
"진짜 승리는 포기하지 않는 과정에 있다."

하지만 이러한 과정의 의미는 승급에만 있지는 않다. 배드민턴은 어느새 운동을 넘어 내 삶의 일부가 되어 있었다. 매일 연습하며 느끼는 작은 성취감, 경기장의 긴장감을 이겨내는 과정, 그리고 그 안에서 발견하는 끊임없이 성장하는 나 자신.

이 모든 순간이 무엇보다 소중했다. 이제 나는 더 이상 상대를 이기기 위해서만 경기에 나서지 않는다. 진짜 승부는 언제나 나 자신과의 싸움이었다. 나는 매 경기에서 어제의 나를 넘어서는 법을 배우고 있었다. 그리고 그 과정이야말로, 내가 배드민턴을 사랑하는 진짜 이유였다. 비교적 늦은 40대 후반에 배드민턴을 시작했지만, 불과 2년 만에 B급까지 올라올 수 있었던 이유는 분명했다.

꾸준한 연습과 피드백

나는 단 한 달도 쉬지 않고 엘리트 코치님의 지도로 훈련을 이어갔다. 반복의 연속이면서도 내 약점을 극복하기 위한 훈련이었다. 때때로 레슨 장면을 촬영해 집에서 돌려보며 부족한 점을 찾아냈고, 이를 다음 레슨에서 보완하기 위해 끊임없이 노력했다. 완벽할 수 없다는 걸 알기에, 늘 배우는 자세로 임했다.

다양한 상대와의 실전 경험

성장은 익숙함이 아닌 새로운 도전 속에서 이루어진다. 같은 상대와만 경기하면 한계가 분명해진다. 그래서 나는 늘 다양한 스타일의 상대와 경기를 치렀고, 매 경기 후에는 부족한 점을 냉정하게 분석하며 하나씩 개선해 나갔다. 이 과정을 통해 나의 플레이에 깊이와 유연함이 더해졌다.

정신력 강화

배드민턴은 기술의 싸움이기도 하지만, 결국 정신력의 싸움이었다. 경기 중 흔들리지 않고 집중력을 유지하는 것이 승패를 가르는 결정적인 요소라는 걸 절실히 깨달았다. 늘 화이팅 넘치는 클럽 동료들, 자신감 있게 코트에 서는 파트너의 모습은 내게 큰 배움이었다. 나 역시 겸손한 마음으로

2024년도 제20회 고흥우주항공배 배드민턴 대회(45대 B급) 준우승 (오른쪽이 나, 왼쪽은 파트너 순천남산클럽 윤민호)

자신감을 쌓아갔고, 매 대회에서 조금씩 더 강한 정신력으로 경기를 조율하는 법을 익혀갔다.

이제 B급에 올라선 나는 더 높은 곳을 바라보고 있다. B급 무대에 나가 보니 경기의 강도가 훨씬 높아지고, 상대들은 더 정교한 기술과 치밀한 전략으로 승부를 건다. 하지만 지금까지 그래왔듯이, 나는 꾸준한 훈련과 끊임없는 노력으로 나의 한계를 넘어설 것이다.

배드민턴이 내게 가르쳐준 가장 큰 깨달음은 이것이다.

2024년도 정남진장흥 배드민턴 대회
(45대 혼복 B급)
준우승(오른쪽이 나, 왼쪽은 파트너
영암금호클럽 강수하)

"포기하지 않는 한, 성장에는 끝이 없다."

이제 나는 승급이라는 목표를 넘어, 나만의 플레이 스타일을 확립하고 더욱 견고한 선수로 성장하는 것에 집중하고자 한다. 더 많은 대회에 출전하며 경기 운영의 깊이를 더하고, 셔틀콕을 맞출 때마다 쌓이는 작은 변화들이 결국 나를 성장시킬 것임을 믿는다.

한 걸음씩, 조급해하지 않고. 성장의 즐거움을 놓치지 않으며, 오늘보다 더 나은 내일을 향해 나아갈 것이다. 그리고 그 과정에서, 배움과 겸손을 잊지 않을 것이다. 그날을 위해, 오늘도 셔틀콕을 향해 힘차게 라켓을 휘두른다!

A급을 향한 도전과 계획

B급으로 승급하면서 나의 목표는 더욱 명확해졌다. A급으로 승급하는 것. B급과 A급의 차이는 단순한 기술의 수준을 넘어선다. 경기의 흐름을 읽고 주도하는 능력, 정교한 기술과 플레이, 그리고 무엇보다 체력과 정신력의 완성도. 이 모든 것이 A급으로 가는 길에서 반드시 갖춰야 할 요소들이다.

이를 위해 나는 체력, 기술, 경기 운영 전략까지 전방위적으로 개선하는 계획을 세웠다. 작은 변화들이 쌓여 큰 성장을 이룬다는 것을 알기에, 겸손한 자세로 날마다 채우고 있다. 더 높은 곳을 향한 도전은 여전히 이어지고 있다. 그리고 그 과정에서 나는, 어제보다 더 나은 나를 만들어가고 있다.

체력의 한계를 극복해야

이제 어느덧 나도 반 백 년을 바라보는 나이가 되었다. A급에서는 경기 시간이 길어지고, 랠리가 길어질수록 더 많은 에너지가 요구된다. 초반 몇 포인트에서 좋은 플레이를 펼쳐도, 체력이 받쳐주지 않으면 후반부에 무너질 수밖에 없다는 걸 절실히 깨달았다. B급 경기에서도 경기를 앞서가다가 마지막에 체력 저하로 후반 집중력이 무너지며 아쉽게 패배했던 기억이 있다. 체력의 중요성을 다시 한번 절감한 것이다. 이제는 마지막까지 포인트를 낼 때까지 체력적으로 흔들리지 않는 경기를 위해 훈련을 꾸준히 하고 있다. 체력은 기술만큼 중요한 무기이기에 그 무기를 갖기 위해 열심히 관리해야 한다.

기술의 정교함을 높여라.

B급에게서는 강한 스매싱과 빠른 반응 속도로 상대를 압박하는 전략이 효과적이다. 하지만 A급의 벽은 이보다 더 높다. 힘과 속도만으로는 부족하고, 상대 움직임을 읽고 코스를 공략해서 정교하게 기술을 구사하는 능력이 필요하다. 그리고 내 최대 약점인 경기 중의 어설픈 실수. A급 경기에서는 이러한 실수가 경기 흐름을 바꾸고 곧 패배로 이어진다. 그래서 나는 모든 샷을 더 날카롭게, 더 정교하게 다듬어야 한다.

경기 운영 능력을 연마해야

A급 경기는 기술을 넘어 경기를 지배하는 법을 알아야 한다. 단순한 기술로 경쟁하는 것이 아닌, 경기 흐름, 즉 완급을 조절하는 능력이 필수이다. 한 경기 안에서도 다양한 전략을 구사하고, 순간마다 최적의 선택을 해내야 한다. B급에서 나만의 스타일을 고집하는 경우가 많은데, 이제는 그 한계를 넘어야 한다. 상대와 파트너의 플레이 스타일에 맞춰 유연하게 변화하는 법, 바로 그 유연함이 A급으로 가는 길이다. 이를 위해 더 강한 상대와의 대결을 통해 경기 운영 능력을 연마하고, 한 가지 패턴에 의존하지 않고 다양한 전략을 시도하는 연습을 이어가야 한다.

아직은 부족한 실력이기에 A급으로 가는 길은 쉽지 않을 것이다. 하지만 나는 매일 작은 변화를 만들고 왔고, 지금도 그 길을 가고 있다. 단순히 승급을 목표로 하는 것이 아니라, 내가 원하는 더 멋진 플레이를 하는 것이 중요하다. 도전과 실패를 반복하며, 점점 더 완벽한 경기를 만들어갈 것이다. 언젠가 A급 무대에서 당당히 서서 코트 위를 누비는 그날을 기대하며, 오늘도 셔틀콕을 향해 한 걸음 또 내디딘다.

7장

나에게 배드민턴의 의미

배드민턴이 준 삶의 교훈:
열정, 끈기, 그리고 관계

배드민턴을 시작한 지 3년이 지나면서, 내가 얻은 의미는 열정, 끈기, 그리고 관계였다. 이 세 가지는 단순히 배드민턴에서만 적용되는 것이 아니라, 삶 전반에서 나를 성장시키는 원동력이 되었다.

열정: 지속적인 동기부여

어떤 일이든 열정을 가지고 임하는 것이 가장 중요하다. 나는 운동을 시작하기 전에 박사학위를 취득하는 과정, 그리고 연구기관과 대학에서 맡은 일을 수행하면서 최선을 다해 왔다. 그러한 자세로 배드민턴도 최선을 다해 열심히 했다. 그냥 열심히 하는 것이 아니라 목표 의식을 갖고 스스로 동기부여를 했었다. 하지만 그 과정에서 항상 어려움은 뒤따르고 그것을 극복하는 것이 내 과제였다.

배드민턴을 하는 과정도 같았다. 한 번은 연습 중 깊은 슬럼프에 빠진 적이 있었다. 기술이 좀처럼 늘지 않고, 대회에서도 좋은 성적을 내지 못하자 좌절감이 밀려왔다. 한동안 연습이 부담스러웠고, 스스로 끊임없이 질문을 던졌다. '이렇게까지 해야 할까?' 그때 "배드민턴을 즐기자." 그 말을 떠올리고 다시 마음을 다잡았다. 목표를 세우고, 그 목표를 달성하기 위해 꾸준히 노력하는 과정 자체가 중요한 것이었다. 다시 연습에 몰두하면서 어느 순간, 공이 라켓에 맞는 감각이 달라지는 걸 느꼈다. 그제야 깨달았다. 열정이란 결과를 위한 것이 아니라, 과정을 즐기는 데서 나온다는 것을.

끈기: 끝없이 나아가는 힘

배드민턴에서 가장 중요한 것은 꾸준함이다. 우리는 엘리트 선수가 아니고 생활체육인이다. 단기간의 노력으로 실력이 급격히 향상되지는 않는다. 하지만 포기하지 않고 계속해서 연습하며 작은 목표를 하나씩 이루어나가는 것이 결국 승리로 이어진다. 배드민턴뿐만 아니라 인생에서도 중요한 것이 끈기를 가지고 한 걸음씩 나아가는 것이다. 한순간의 성과보다, 지속적인 노력과 인내가 가장 값진 결과를 가져온다는 것은 공부나 일과 같이 배드민턴도 같다. 포기하지 않는 것이 최고의 전략이다.

관계: 함께 성장하는 즐거움

배드민턴을 하면서 가장 소중했던 것은 함께 운동하는 사람들과의 유대감이었다. 처음에는 단순한 동호인이었지만, 함께 훈련하고 대회를 준비하면서 깊은 유대감이 생겨났다. 서로를 응원하고, 경기 후에는 전략을 나누며 배울 점을 찾는 과정이 즐거웠다. 하지만 이 과정에서 나는 관계를 유지하는 방법도 배워야 했다. 지나치게 기대하거나 신경을 쓰기보다는, 자연스럽게 서로를 존중하며 함께 즐기는 것이 더 중요했다. 한 번은 친한 동호인과 함께 복식 경기에 출전했다가 경기 도중 실수로 인해 기분이 상한 적이 있었다. 그때 나는 관계에서 중요한 것은 실수나 승패가 아니라, 함께 하는 과정에서 서로를 이해하고 배려하는 것이라는 점을 다시금 깨달았다. 이후 우리는 서로를 더욱 존중하며, 승패에 연연하기보다 즐거운 경험을 만드는 데 집중하게 되었다. 배드민턴은 단순한 스포츠가 아니라, 사람과 사람을 연결해주는 매개체였다. 코트 안에서는 경쟁자로 맞서지만, 코트 밖에서는 서로를 응원하는 든든한 동반자가 된다.

제자가 전해준 손 편지:
"행복은 랠리로, 걱정은 스매싱으로"

나는 대학에서 학생들을 가르치는 일을 하는데, 수업에서 종종 배드민턴을 비유로 삼아 설명하곤 했다. 자연스럽게 학생들도 내가 배드민턴을 열정적으로 하는지 알게 되었다. 그러던 중, 2023년 스승의 날. 한 제자가 내 연구실에 와서 손 편지를 건넸다. 정성스럽게 써 내려간 글씨를 바라보며 편지를 읽어 나갈 때, 그 안에는 짧지만, 인상 깊은 한 문장이 적혀 있었다.

"교수님, 행복은 랠리로 이어가고, 걱정은 스매싱으로 날려버리세요!!"

그 순간, 나는 편지를 손에 든 채 가만히 창가에 섰다. 창밖으로 화창한 햇살과 부드러운 봄바람이 어우러지면서, 내 마음속에도 따뜻한 울림이 잔잔히 퍼져나갔다. 짧은 한 문장이었지만, 그 문장을 몇 번이고 되뇌며 미소를 지었다. 학생이 내게 보내준 이 한 줄의 격려가, 내 마음을 꽉 채웠다.

"행복은 랠리처럼 오래도록 이어가고, 걱정은 망설이지 말고 스매싱으로 날려버리자!"

나는 어떤 일이 생길 때마다 종종 이 문구를 떠올린다. '행복은 랠리로, 걱정은 스매싱으로.' 그리고 이 문장을 가슴에 품고 살아가려 한다. 배드민턴이 마치 즐기는 스포츠를 넘어, 인생의 지혜로 다가온 듯하다. 나는 앞으로도 계속해서 행복이란 랠리를 이어갈 것이고, 필요한 순간에는 걱정과 근심을 과감한 스매싱으로 날려 보낼 것이다.

대회와 일상의 교차 속에서 배운 것들

배드민턴을 시작한 이후, 그리고 꾸준히 대회에 참가하면서 나는 배드민턴이 단순한 운동이 아니라 우리의 인생과 닮았다는 사실을 깨닫게 되었다. 학생들을 가르치는 교수로서 해야 할 역할과 대학에서의 바쁜 업무, 그리고 배드민턴 대회를 병행해야 하는 일정 속에서 나는 끊임없이 균형을 찾기 위해 노력해야 했다.

이런 일상을 살아가면서 배운 가장 중요한 교훈은 바로 균형이었다. 경기에서 승리하려면 공격과 수비의 균형이 맞아야 하는 것처럼, 삶에서도 일과 취미, 인간관계와 자기 관리 사이에서 균형을 유지하는 것이 필수적이었다. 처음에는 모든 것을 완벽하게 해내야 한다는 압박 속에서 살아갔다. 하지만 시간이 지나면서 완벽함보다는 조화로운 조율이 필요하다는 것을 알게 되었다. 때로는 일에 집중하고, 때로는 운동에 몰두하며 균형을 찾아가는 과정 자체가 성장이라는 것을 깨달았다.

또한, 배드민턴을 통해 나는 결과에 너무 과몰입하지 않는 법을 배웠다. 예전의 나는 무엇이든 잘해야 하고 좋은 결과를 내야 한다는 압박을 스스로 주곤 했다. 그래서 피곤했다. 하지만 배드민턴을 시작하고 수많은 경기를 치르면서 지는 일은 너무나도 흔한 일이라는 걸 깨달았다. 초기에는 오히려 이기는 것이 낯설고, 지는 것이 당연하게 느껴지기도 했다. 하지만 경기에 졌다고 해서 그것이 곧 실패는 아니었다. 그 과정을 통해 성장하고, 그렇게 쌓인 경험들이 나를 더 단단하게 만들어주었다. 그 과정 덕분에 이제는 승리의 기쁨을 온전히 즐길 수 있는 여유도 생겼다.

과거에는 일이 뜻대로 풀리지 않거나 결과가 예상과 다르면

실망하거나 괴로워하곤 했다. 하지만 배드민턴이 내게 말한다. 인생도 경기와 같아서, 내 의도와는 상관없이 예상치 못한 상황이 그리고 원치 않는 일들이 언제든 찾아올 수 있다는 것. 결국 중요한 건 승패에 집착하지 않고, 한 경기, 한순간을 소중한 경험으로 받아들이는 태도였다. 물이 말없이 조용히 있지만, 끊임없이 흘러 바다로 나아가듯 삶이란 긴 항해를 해 나가며 너무 한순간 한순간에 일희일비하지 말고 자연스럽게 살아가는 것이 더 건강한 마음가짐이라는 것을 배웠다.

그리고 경기가 끝나면 승패를 떠나 서로 웃으며 악수하듯, 인생에서도 과도하게 집착하지 않고 가볍게 받아들이는 마음의 여유가 필요하다. 어쩌면, 그 여유가 진짜 성장의 시작일지도 모른다. 나는 삶의 지혜마저 배드민턴을 통해 얻게 된 것 같다. 코트 위에서든, 삶에서든, 나는 한 걸음씩 나아가고 있다.

배드민턴은 이제 나에게 있어 단순한 스포츠를 넘어 삶의 나침반이자 인생의 철학이기도 하다. 제자가 준 "행복은 랠리로, 걱정은 스매싱으로"라는 문장은 단순한 격려 문구가 아니라, 나의 삶을 살아가는 방식이 되었다. 행복한 순간들은 랠리처럼 길게 이어가고, 걱정과 스트레스는 강력한 스매싱으로 날려 보내는 것. 열정과 끈기를 갖고 꾸준히 나아가는 것의 가치를 다시 한번 확인했고, 균형의 중요성도 배웠다. 또한, 관계를 소중히 하되 지나치게 얽매이지 않는 법도 배웠다.

앞으로도 나는 배드민턴을 즐기면서 동시에 삶의 많은 것들을 배워가고 싶다. 그리고 그 과정에서 성장하며, 코트 위에서든 삶의 무대에서든 나만의 멋진 플레이를 만들어 갈 것이다. 언젠가, 코트 위에서 마지막 경기를 뛰는 날이 오더라도, 나는 여전히 나만의 랠리를 이어가고 있을 것이다. 그리고 그 순간, 나는 미소를 지을 것이다. 왜냐하면, 나는 배드민턴을 통해 인생을 배웠고, 그 과정 자체가 가장 소중한 경험이기에.

남녀노소 누구나 즐길 수 있는 배드민턴의 매력

배드민턴은 누구나 쉽게 시작할 수 있고, 다양한 나이와 실력 수준에 맞춰 즐길 수 있는 스포츠이다. 단순한 취미를 넘어 건강, 친목, 경쟁의 즐거움까지 모두 누릴 수 있는 배드민턴의 매력에 빠져보세요.

배드민턴, 왜 좋은 운동인가요?
배드민턴은 심폐 지구력 강화, 칼로리 소모, 근력 및 민첩성 향상에 탁월한 효과를 가진 전신 운동입니다. 특히 짧은 시간 내 높은 운동 강도를 경험할 수 있어 바쁜 현대인들에게 최적의 스포츠로 평가받고 있습니다.

배드민턴은 빠른 움직임과 지속적인 랠리로 인해 1시간 동안 약 400~ 500kcal의 칼로리를 소모할 수 있습니다. 이는 달리기, 수영과 비슷한 수준의 칼로리 소모량으로, 효율적인 다이어트와 체중 조절에 효과적입니다. 또한, 단시간 고강도 운동과 유사한 효과를 주어 신진대사를 촉진하고 체지방 감소에도 도움을 줍니다. 배드민턴은 빠른 방향 전환과 전신을 활용한 플레이로 심박수를 일정하게 높여줍니다. 이는 심폐 기능 강화와 함께 혈액순환 개선, 심혈관 질환 예방에도 긍정적인 영향을 미칩니다. 꾸준한 플레이는 심장과 폐의 기능을 향상해 지구력과 체력을 자연스럽게 끌어올립니다.

또한, 배드민턴은 상체와 하체 근력을 동시에 발달시킬 수 있는 운동입니다.

- **하체 근력 강화:** 빈번한 스텝 이동, 점프, 방향 전환을 통해 허벅지, 종아리, 엉덩이 근육이 강화됩니다.
- **상체 근력 강화:** 라켓 스윙 동작으로 인해 어깨, 팔, 손목, 핵심 근육이 자연스럽게 단련됩니다.
- **민첩성과 반사신경 향상:** 셔틀콕의 빠른 속도(최대 시속 300km 이상)를 따라가며 순간적인 판단력과 반응 속도가 크게 향상됩니다.

배드민턴은 체력 단련을 넘어, 집중력과 전략적 사고력을 요구하는 스포츠입니다. 짧은 순간의 결정이 경기 결과에 큰 영향을 미치기 때문에 두뇌 회전과 집중력이 자연스럽게 향상됩니다. 또한, 빠른 속도의 경기로 인해 스트레스 해소와 엔도르핀 분비 촉진 효과가 있어 정신 건강에도 긍정적인 영향을 줍니다.

이렇듯 배드민턴은 몸과 마음을 동시에 건강하게 만드는 최고의 운동입니다. 가볍게 시작하더라도, 그 효과는 생각보다 훨씬 큽니다.

배드민턴은 남녀노소 누구나 쉽게 시작할 수 있는 입문 장벽이 낮은 스포츠입니다. 배드민턴 구장은 지자체에서 운영하는 체육관이나 학교 체육관 등이 많아 언제나 쉽게 이용할 수 있습니다. 다른 종목에 비해 실내에서 하는 스포츠이다 보니 날씨나 환경의 제약을 받지 않아 언제 어디서나 즐길 수 있는 운동이죠.

그리고 배드민턴은 쉽게 배우고, 오래 즐길 수 있는 스포츠입니다. 기본적인 규칙과 기술을 배우는 데 시간이 오래 걸리지 않아 라켓을 쥐고 셔틀콕을 치는 것만으로도 금방 게임을 시작할 수 있습니다. 그리고 꾸준한 연습을 통해 실력을 향상하면 더욱 즐겁게 운동을 할 수 있습니다. 또한, 나이에 상관없이 즐길 수 있어 어린아이부터 노년층까지 꾸준히 할 수 있는 스포츠이기에 매력적인 스포츠라고 할 수 있습니다. 가까운 배드민턴 체육관이나 동호회를 방문해서 시작해보세요!

출처: "이 운동하면 10년 더 산다"
(조선일보, 2024.01.24.자 기사에서 발췌)

배드민턴을 시작하고자 하는 당신에게

Q. 배드민턴을 처음 시작하는데 어렵지 않을까요?

A. 배드민턴은 초보자도 쉽게 시작할 수 있는 스포츠입니다. 기본적인 그립 법만 익히고, 하이클리어, 드라이브, 스매싱, 드롭 같은 기본 기술을 배우면서도 아주 재미있게 경기를 즐길 수 있습니다. 이런 접근성이 배드민턴이 다른 라켓 스포츠보다 더 대중적으로 사랑받는 이유이기도 합니다. 배드민턴을 더 잘 배우고 싶다면, 가까운 배드민턴 동호회나 클럽에 가입하는 것을 추천합니다. 다양한 실력의 동호인들과 게임을 즐기며 자연스럽게 실력을 쌓을 수 있고, 필요하다면 전문 코치의 레슨을 통해 더 빠르게 성장할 수 있습니다. 개인차는 있지만, 꾸준히 연습하면 약 3개월 정도 후에는 기본 기술이 자연스럽게 익혀지고, 경기 운영 감각도 발전하게 됩니다. 대부분의 동호회는 초보자부터 상급자까지 다양한 수준의 사람들이 함께 운동하기 때문에, 자신의 실력에 맞는 파트너를 찾기도 어렵지 않습니다. 부담 갖지 말고 가볍게 시작해보세요. 배드민턴은 하면 할수록 더 재미있어지는 스

포츠입니다!

Q. 배드민턴을 배울 수 있는 곳은 어디인가요?

A. 배드민턴은 전국 어디서든 쉽게 배울 수 있는 환경이 잘 갖춰져 있습니다. 가장 흔한 방법은 지역 배드민턴 동호회에 가입하는 것으로, 많은 동호회가 학교 체육관이나 공공 체육 시설을 활용하며, 전문 코치의 레슨이 제공되는 곳이 많습니다. 또한, 체육센터, 시립체육관 등 공공 체육시설에서는 초급부터 상급까지 다양한 강습 프로그램이 운영되고 있습니다. 더 체계적인 훈련을 원한다면 사설 배드민턴 아카데미에서 전문 코치의 1:1 맞춤 레슨이나 그룹 레슨을 받을 수 있습니다. 마지막으로, 유튜브와 온라인 강의를 통해 시간과 장소에 구애받지 않고 기초부터 고급 기술까지 배울 수 있으며, 이를 실전에서 연습하면 효과적으로 실력을 쌓을 수 있습니다.

Q. 초기 장비 구매 비용이 부담스러워요!

A. 배드민턴은 초기 장비 비용이 비교적 적게 드는 스포츠입니다. 라켓, 배드민턴화, 셔틀콕, 편안한 운동복만 있으면 충분히 시작할 수 있습니다. 라켓은 초보자용 중저가 제품(약

10만 원대)으로도 충분하며, 중고 거래를 활용하면 더 저렴하게 구매할 수 있습니다. 배드민턴화는 미끄럼 방지와 충격 흡수 기능이 있는 인도어용 제품(5~10만 원대)으로 시작하세요. 운동복은 기본적인 스포츠웨어로 대체 가능하며, 추후 필요에 따라 추가로 구매하면 됩니다. 처음부터 고가 장비에 부담 갖기보다는 합리적인 선택으로 배드민턴의 재미를 먼저 경험해 보세요.

Q. 일주일에 어느 정도 운동을 해야 효과가 있나요?

A. 배드민턴은 꾸준한 연습과 적절한 운동량이 실력 향상과 체력 강화에 핵심적인 역할을 합니다. 일반적으로 주 3~4회, 하루 1~2시간 정도의 운동이 효과적입니다. 이 정도 빈도는 기술 습득과 체력 향상에 충분하면서도 부상 위험을 최소화할 수 있는 이상적인 패턴입니다. 초보자는 기본자세, 그립법, 기술(하이클리어, 스매싱, 드라이브, 드롭 등)와 같은 기초 기술을 익히고, 점차 기술 연습과 함께 게임 플레이를 병행하는 것이 효과적입니다. 이때는 경기 운영 능력, 풋워크, 전략적 플레이 등을 향상하는 데 중점을 둬야 합니다. 배드민턴은 빠른 방향 전환과 점프가 많은 스포츠이기 때문에 과도한 운동은 근육 피로 누적, 관절 무리, 부상 위험을 초래할

수 있습니다. 특히 무릎, 발목, 어깨 등의 관절을 보호하기 위해 충분한 스트레칭과 운동 후 회복 시간을 꼭 확보하세요. 핵심은 꾸준함과 균형입니다. 지나치게 무리하기보다는 일정한 루틴을 유지하고, 필요할 때는 휴식과 회복을 통해 몸 상태를 관리하는 것이 실력 향상의 지름길입니다.

동호회에서 운동 200% 즐기는 방법

배드민턴 동호회 활동은 운동을 넘어, 사람들과의 소통과 유대감을 통해 더 풍성한 즐거움을 누릴 수 있는 특별한 경험입니다. 새로운 사람들과 함께 땀을 흘리며 나누는 웃음과 경쟁 속의 짜릿함은 배드민턴의 매력을 두 배로 만들어줍니다. 동호회 활동을 200% 즐기기 위한 꿀팁을 소개합니다!

적극적인 인사와 열린 마음으로 첫걸음 시작하기

처음 만나는 사람들과의 어색함은 누구나 느끼는 부분입니다. 밝은 미소와 간단한 인사만으로도 좋은 첫인상을 남길 수 있습니다. “안녕하세요! 오늘 함께 즐겁게 운동해요!” 같은 짧은 말이 분위기를 부드럽게 만들어줍니다.

경기를 즐기되, 배려하는 플레이가 핵심

배드민턴은 실력보다 함께하는 태도가 더 중요합니다. 실수해도 웃으며 넘기고, 파트너에게 “잘했어요!”, “다음엔 이렇게 해봐요!” 같은 따뜻한 한마디가 분위기를 유쾌하게 만듭니다. 승부보다 즐거움에 집중하세요!

작은 참여가 큰 소속감을 만든다.

게임 외에도 동호회 운영에 소소하게 참여해 보세요. 코트 정리, 셔틀콕 준비, 간단한 행사 지원 같은 작은 도움들이 자연스럽게 동료들과의 거리를 좁혀줍니다. 함께할수록 더 가까워집니다.

경기 후 짧은 대화로 친밀감 쌓기

게임이 끝난 후에는 상대방과 간단한 피드백이나 칭찬을 나눠보세요. "오늘 스매싱이 정말 강했어요!" 같은 한마디가 동료애를 쑥쑥 키워줍니다.

실력보다 중요한 건 '함께하는 즐거움'

초보라서 걱정하신다고요? 동호회는 실력보다 함께 성장하는 즐거움을 나누는 공간입니다. 부담 없이 질문하고 배우며, 작은 발전에도 함께 기뻐하는 사람들이 곁에 있다는 걸 잊지 마세요.

배드민턴, 즐겁게 오래 치기 위해 조심해야 할 것들!

과도한 경쟁심은 NO!

승부욕이 지나치면 분위기가 경직될 수 있습니다. 이기는 것보다 중요한 건 즐기는 것! 가벼운 마음으로 게임을 즐기세요.

실력 비교로 자신감 잃지 않기

자신보다 잘하는 사람과 비교하면 의욕이 꺾일 수 있습니다. 중요한 건 어제의 나보다 오늘 더 나아졌다는 것! 작은 발전에도 자신을 칭찬하세요.

무리한 플레이로 인한 부상 주의

배드민턴은 빠른 움직임이 많은 만큼, 충분한 스트레칭과 준비운동이 필수입니다. 몸에 무리가 가지 않도록 조절하면서 즐기세요.

개인플레이보다는 팀워크를 우선하기

복식 경기에서는 혼자 해결하려는 욕심보다는 파트너와의 호흡이 더 중요합니다. 서로를 믿고 협력하는 플레이가 승리보다 더 값진 경험을 선사합니다.

배려 없는 태도는 분위기 DOWN

코트 위에서 무례한 언행이나 지나친 지적은 동료들과의 관계에 부정적인 영향을 줄 수 있습니다. 서로 존중하는 태도가 즐거운 분위기를 유지하는 비결입니다.

배드민턴 동호회는 단순한 운동이 아닌 사람과 사람이 연결되는 특별한 공간입니다. 땀과 웃음, 배려와 열정이 가득한 그곳에서, 당신의 배드민턴 삶은 더욱 풍요롭고 특별해질 것입니다. 이제 코트 위로 나아가, 즐거움을 200% 만끽해 보세요!

배드민턴 초보자를 위한 빠른 실력 향상 가이드

배드민턴을 시작한 초보자라면 기본기를 제대로 익히는 것이 무엇보다 중요합니다. 기본이 탄탄해야 실력이 빠르게 늘고, 부상도 예방하며, 배드민턴의 진짜 재미를 느낄 수 있습니다. 초심자들이 빠르게 성장할 수 있는 핵심 노하우를 소개합니다!

그립이 곧 시작이다! - 올바른 그립법 배우기

라켓을 어떻게 잡느냐에 따라 스트로크의 정확도와 파워가 결정됩니다.

- 포핸드 그립: 기본 중의 기본, 편안하고 자연스럽게 라켓을 쥐는 방법
- 백핸드 그립: 손목을 유연하게 활용해 정확한 리턴 가능

TIP 라켓을 '가볍게 악수하듯' 잡으면 손목 사용이 편하고 유연성이 생깁니다.

한 방의 위력! - 스매싱 마스터하기

- 배드민턴의 가장 강력한 공격 기술이 바로 스매싱입니다.
- 스윙 자세: 팔꿈치를 어깨보다 높게 들어 올리고, 손목의 스냅으로 강한 파워 생성
- 임팩트 포인트: 셔틀콕을 최고 지점에서 내려찍는 느낌으로 타격
- 몸의 활용: 상체 회전과 체중 이동을 통해 힘을 극대화

TIP 스매싱은 단순한 힘 싸움이 아닙니다. 정확한 타이밍과 스냅이 강력한 스매싱의 비결입니다.

수비의 시작! - 하이클리어 마스터하기

- 하이클리어는 상대를 코트 뒤쪽으로 밀어내어 수비를 안정시키고 공격 기회를 만드는 기본 기술입니다.
- 스윙 자세: 라켓을 뒤로 충분히 빼고, 팔 전체를 사용해 부드럽게 스윙
- 임팩트 포인트: 셔틀콕을 높은 지점에서 타격하여 높고 멀리 날리기
- 몸의 활용: 체중을 뒤에서 앞으로 자연스럽게 이동하며 안정적인 타구 유지

TIP 너무 힘을 주면 셔틀이 짧아질 수 있습니다. 부드럽고 긴 스윙으로 코트 끝까지 보내는 것이 핵심입니다.

빠르고 강력하게! - 드라이브 마스터하기

- 드라이브는 셔틀콕을 빠르고 낮게 직선으로 날려 상대의 반응 시간을 줄이는 기술입니다.
- 스윙 자세: 라켓을 짧게 빼고 빠르게 밀어주는 스윙으로 속도 극대화
- 임팩트 포인트: 셔틀콕의 중앙 부분을 수평으로 강하게 타격
- 몸의 활용: 짧고 빠른 손목 스냅과 상체의 탄력으로 속도 유지

TIP 힘보다는 빠른 반응과 타이밍이 중요합니다. 손목을 유연하게 활용해 빠른 연속 드라이브를 연습하세요.

섬세한 기술의 정수! - 드롭 샷 마스터하기

- 드롭 샷은 셔틀콕을 네트 바로 앞에 부드럽게 떨어뜨려 상

대를 당황하게 하는 전략적 기술입니다.

- 스윙 자세: 스매싱과 비슷한 자세로 시작하되, 스윙 중 힘을 빼고 부드럽게 마무리
- 임팩트 포인트: 셔틀콕을 가볍게 스치듯 타격해 네트 가까이에 떨어지도록 유도
- 몸의 활용: 상체의 힘을 최소화하고, 손목 스냅으로 거리 조절

TIP 드롭의 성공 비결은 속임수 효과입니다. 스매싱처럼 시작하다가 순간 힘을 빼 상대의 리듬을 깨트리세요.

발이 먼저 움직인다! – 풋워크 연습은 필수

배드민턴은 '손'이 아닌 '발'로 하는 스포츠입니다.

- 기본자세: 무릎을 살짝 굽히고, 체중은 앞꿈치에
- 사이드 스텝: 빠른 방향 전환과 이동의 핵심
- 스플릿 스텝: 점프하듯 가볍게 착지하며 반응 속도 향상

TIP 코트 위를 '뛰지 말고 미끄러지듯' 이동하세요. 효율적인 풋워크가 체력 소모를 줄여줍니다.

랠리는 대화다! – 게임 감각 익히기

기술만 익히는 것보다 짧은 랠리라도 꾸준히 해보는 것이 실력 향상에 효과적입니다.

- 초보자용 미니 게임: 작은 구역에서 짧은 랠리로 감각 키우기
- 복식 플레이: 팀워크와 위치 감각 연습

TIP 랠리 중에는 항상 '다음 셔틀'을 예상하며 준비 자세를 유지하세요.

부상 없는 즐거움! – 스트레칭과 회복 관리

빠른 속도의 경기 특성상 부상 예방이 중요합니다.

- 운동 전: 어깨, 손목, 발목을 중심으로 가벼운 스트레칭
- 운동 후: 근육 이완과 쿨다운 스트레칭으로 피로 관리

TIP 근육통은 성장을 의미하지만, 통증은 경고 신호입니다. 무리하지 말고 충분한 휴식을 취하세요.

초보 탈출을 위한 한 줄 조언

“기본에 충실하면, 실력은 자연스럽게 따라온다!” 처음엔 느리더라도 꾸준함과 정확성이 결국 빠른 성장을 이끕니다. 오늘 배운 한 가지를 내일도 반복하며, 당신의 배드민턴 실력을 1%씩 쌓아가세요!

대회 준비 체크리스트와 경기 정신력 관리법

초심자도 걱정 NO!

배드민턴 대회는 실력을 뽐내는 무대이자 새로운 경험을 쌓을 수 있는 기회입니다. 하지만 철저한 준비와 정신력 관리 없이는 최상의 경기력을 발휘하기 어렵죠. 여기, 대회 출전 전 꼭 확인해야 할 체크리스트와 경기 중 정신력을 안정적으로 유지하는 방법을 소개합니다!

대회 출전 전 준비 체크리스트

기술 & 체력 점검

- 기본기 재확인: 그립, 풋워크, 하이클리어, 드라이브, 스매싱, 드롭 완벽 점검
- 실전 감각 훈련: 실제 경기 상황을 가정한 게임 시뮬레이션 연습
- 체력 관리: 유산소 운동과 근력 강화로 지구력 업그레이드

TIP 경기 직전 무리한 연습은 피하고, 가볍게 몸을 풀며 리듬 유지하기!

장비 준비는 기본 중의 기본

- 라켓: 주력 라켓 + 예비 라켓 준비
- 셔틀콕: 대회에서 사용하는 종류와 비슷한 셔틀로 사전 적응
- 배드민턴화: 미끄럼 방지, 쿠션감 체크 (끈은 너무 느슨하지 않게, 또 너무 조이지 않게 편안하게 묶기!)
- 개인용품: 손목 보호대, 수건, 물, 에너지바 등 경기 필수 아이템 챙기기

TIP 라켓 줄의 장력도 체크하세요. 대회 전엔 새로운 장력에 적응할 시간이 부족합니다.

경기 전략 설정

- 상대 분석: 상대의 스타일을 사전에 파악하고 전략 구상
- 플랜 A-B 준비: 예상치 못한 상황에 대비한 대체 전략 마련
- 파트너와 호흡과 역할 분담을 사전에 충분히 맞추기

TIP 모든 상황을 컨트롤하려 하지 말고, 유연하게 대처하는 것이 진짜 실력!

경기 중 정신력 관리법

루틴으로 긴장감 조절하기

- 경기 전 나만의 루틴을 만들어보세요. 라켓을 몇 번 돌린다든지, 셔틀콕을 가볍게 톡톡 치는 습관 심호흡 3번으로 마음을 가라앉히는 간단한 방법도 효과적

TIP 루틴은 마음의 '안정 버튼'입니다. 긴장될수록 루틴에 집중하세요.

긍정적인 셀프 토크

"할 수 있어." "침착하게, 한 점씩 쌓자." "실수해도 괜찮아."

- 자신을 격려하는 말 한마디가 순간의 불안을 잠재우고 집중력을 회복시켜 줍니다.

실수했을 땐 빠르게 '회복하고 다음 준비하기'

- 실수는 누구나 합니다. 중요한 건 그다음 행동!

- 작은 동작으로 리셋: 셔틀콕을 가볍게 바닥에 톡 치며 감정 정리
- 호흡으로 회복: 깊은숨을 들이쉬고 천천히 내쉬며 마음을 다시 차분하게

TIP 실수는 잊고, '다음 한 점'에 집중하세요.

'현재'에 집중하기

- 경기 중 과거의 실수나 미래의 결과에 집착하면 집중력이 흐트러집니다. "지금, 이 순간"에만 집중하세요.

TIP 코트 위에 있는 셔틀만이 당신이 '컨트롤할 수 있는 유일한 것'임을 기억하세요.

대회 날, 당신을 위한 마지막 한마디

"결과보다 중요한 건 과정이다."실수를 두려워하지 말고, 배운 모든 것을 자신 있게 보여주세요. 배드민턴은 당신의 땀과 도전을 존중하는 스포츠입니다.

이제 준비는 끝났습니다. 코트 위로 서서, 당신의 경기를 즐기세요!

핵심 경기 전략 - 승부를 지배하는 숨은 비법

초보의 벽을 넘어 상급자로 가려면 단순한 기술 연습만으로는 부족합니다. "실력"과 "경기력"은 다릅니다. 진짜 중요한 건, 코트 위에서 상황을 읽고 지배하는 전략적 사고입니다. 지금부터 공개하는 상급자로 가기 위한 숨은 비법— 이걸 안다면 당신의 경기력이 한 단계 올라갈 것입니다.

'점수'보다 '흐름'을 지배하라

- 경기는 점수 싸움이 아니라 흐름 싸움입니다. 점수판만 바라보다 보면 흐름을 놓치게 됩니다.
- 초반 5점이 중요: 경기 초반은 상대의 패턴과 약점을 파악하는 시간입니다. 실수를 두려워 말고, 다양한 샷으로 상대를 흔들어보세요.
- 상대의 리듬 깨기: 연속 실점 시에는 속도 조절로 리듬을 끊으세요. 셔틀콕을 천천히 줍거나, 심호흡 한 번으로 분위기를 전환하는 것도 전략입니다.

TIP ‘내가 경기를 조율한다’라는 생각으로 흐름의 주도권을 쥐세요. 상대가 나를 따라오게 만드는 것이 승리의 시작입니다.

‘체력’보다 ‘에너지 분배’를 관리하라

- 배드민턴은 체력 싸움이 아닌 에너지 관리 게임입니다.
- 강약 조절: 스매싱, 드롭, 하이클리어를 적절히 섞어 에너지를 아끼세요. 매 포인트마다 전력 질주하면 후반에 지쳐버립니다.
- 심리전 활용: 상대가 지쳤다면 굳이 강한 스매싱을 날릴 필요 없습니다. 드롭 샷 하나로도 상대의 정신력을 흔들 수 있습니다.

TIP “강한 순간보다 쉬운 순간을 어떻게 만들 것인가?”— 이게 진짜 상급자의 전략입니다.

상대를 이기려 하지 말고, ‘상대를 이용하라’

- 경기에서 이기기 위해 상대를 ‘이기려고’ 하면 부담이 커집니다. 대신 상대를 ‘이용하는’ 플레이를 해보세요.

- 패턴 분석: 상대가 반복하는 습관을 알아채세요. 예를 들어, 상대가 항상 네트 근처에서 드롭 후 뒤로 빠진다면, 그 자리에 빈 공간이 생깁니다.
- 페이크 플레이: 스매싱을 할 것처럼 위장한 후 부드러운 드롭으로 속이는 것이 효과적입니다. 상대가 당신의 의도를 읽지 못하게 만드는 것이 핵심입니다.

TIP "상대가 예측할 수 없는 플레이어가 되라." 예측 가능한 패턴은 당신의 가장 큰 약점입니다.

복식의 진짜 비밀 - '파트너를 이끄는 플레이'

- 복식 경기에서 중요한 건 단순한 호흡이 아닌, 파트너를 어떻게 빛나게 해주느냐입니다.
- 역할 분담: 전위(네트 근처)와 후위(코트 뒤) 역할을 명확히 나누되, 유연하게 전환하세요.
- 커뮤니케이션: 짧은 단어로 빠르게 소통하세요. "올려!", "뒤에!", "내꺼!" 같은 명확한 신호가 승부를 가릅니다.

TIP "파트너를 믿으면 내가 더 강해진다." 혼자 잘하려는 욕심은 복식 경기에서 가장 큰 적입니다.

정신력의 숨은 비법 – '이기는 마인드셋'

- 상급자는 기술보다 정신력 관리가 경기력을 결정합니다.
- 불안감 활용: 긴장되는 순간, "이 긴장감이 나를 더 집중하게 만든다"라고 스스로 세뇌하세요.
- 실수 인정: 실수는 과정의 일부입니다. 실수 후에는 "다음이 중요해"라고 빠르게 회복하는 것이 포인트

TIP "정신력은 무너지지 않는 것이 아니라, 빨리 회복하는 것"입니다. 중요한 건 빠른 리셋 능력입니다.

마지막 한마디

"배드민턴은 단순한 스포츠가 아닌, 머리로 싸우는 전략 게임이다." 상대의 약점을 읽고, 흐름을 주도하며, 정신력을 지배하는 순간—

당신은 더 이상 '초보'가 아닌 진짜 상급자가 됩니다. 다가오는 대회를 준비하며 경기의 주인공이 되어보세요!

배드민턴을 시작하고 싶은 당신,

배드민턴에 첫발을 내디딘 초보자,

배드민턴의 즐거움을 만끽하는 모든 이들에게!

이 책은 당신의 배드민턴 여정을 더욱 흥미롭고

의미 있게 만들어 줄 것입니다.

Epilogue

처음 배드민턴을 시작하는 이들에게 전하고 싶은 말

배드민턴은 도전이며, 인내이자, 성취다. 우리가 코트 위에서 셔틀콕을 쫓아 달리고, 끝까지 받아내려는 순간순간이 우리의 삶과 다르지 않다. 때로는 예상치 못한 강한 스매싱을 맞기도 하고, 때로는 긴 랠리를 이어가야 할 때도 있다. 하지만 그 과정에서 우리는 성장하고, 더 강해지며, 나아가게 된다.

배드민턴은 내게 단지 즐거움을 주는 운동만이 아니라, 삶을 다시 바라보게 해주는 하나의 창이었다. 일과 공부로 지친 일상을 회복하고, 시련과 아픔을 이겨내며 새로운 도전을 하게 만들어 준 원동력이었다. 무엇보다, 나 자신을 성장시키는 데 가장 중요한 요소였다.

나는 배드민턴을 통해 배운 것들을 우리가 살아가는 인생에도 적용할 수 있다고 생각한다. 배드민턴에서 랠리를 지속하기 위해서는 끊임없는 집중력과 조절이 필요하다. 인생도 마찬가지다. 한 번의 실수가 영원한 패배가 아니듯, 실패와 좌절을 두려워하지 않고 다시 셔틀콕을 띄우는 용기를 가져야 한다. 승패를 떠나 경기를 즐기는 마음이 필요하듯, 인생도 결국 과정 자체를 즐기는 것이 중요하다.

나는 2024년에 내 인생에서 겪지 않으리라 했던 상실과 아픔을 겪기도 했다. 그 힘든 과정을 겪으면서 배드민턴을 통해 힘을 얻기도 했다. 배드민턴을 하면서 나는 삶의 균형을 잡는 법을 배웠다. 코트에서의 훈련과 실제 경기에서 쌓은 경험들은 내 삶의 많은 부분에 적용될 수 있었다.

배드민턴을 하면 다양한 연령대 각양각색의 사람들을 만난다. 10대부터 60대까지, 각자의 방식으로 배드민턴을 즐기고 있었다. 어떤 이는 건강을 위해, 어떤 이는 새로운 친구를 만나기 위해, 또 어떤 이는 승부욕을 채우기 위해 배드민턴을 하고 있었다. 하지만 공통점은 모두가 코트 위에서 함께 호흡하고 있다는 것이었다. 나이가 많고 적음은 중요하지 않았다. 코트에서는 모두가 동등했고, 모두가 배울 점이 있는 존재였다.

이제 나는 여러분과 함께 이 여정을 계속하고 싶다. 우리는 서로 다른 길을 걷고 있지만, 배드민턴이라는 공통된 연결고리를 통해 함께할 수 있다. 배드민턴을 처음 시작하는 사람들도, 오랫동안 이 운동을 즐겨온 사람들도, 우리 모두 같은 목표를 가지고 있다. 더 건강하게, 더 즐겁게, 그리고 더 열정적으로 살아가는 것.

이제 막 배드민턴을 시작하려는 분들에게 말하고 싶다. 포기하지 말고, 즐겁게 운동하면 좋겠다. 코트 위에서 끊임없이 셔틀콕을 주고받듯, 우리의 삶도 그렇게 계속해서 이어질 것이다. 그리고 그 과정에서 우리는 함께 성장하고, 함께 기쁨을 나누며, 함께 이 순간을 즐길 수 있을 것이다. 배드민턴을 시작하는 분들이 모두 배드민턴의 즐거움을 만끽하고 건강과 행복을 찾아가기를 진심으로 기대해 본다.

배드민턴은 단순한 운동이 아니라, 우리 삶의 활력소가 된다. 그것은 몸을 움직이고, 땀을 흘리고, 새로운 도전을 향해 나아가게 해준다. 그리고 무엇보다도, 배드민턴을 통해 우리는 함께 웃고, 함께 성장하며, 함께 살아가는 법을 배운다. 배드민턴을 시작하는 모든 분이 이 스포츠의 깊은 매력을 느끼고, 자기 삶을 더욱 빛나게 만들기를 바란다. 우리는 코트 위에서 계속해서 달리고, 함께 셔틀콕을 주고받으며, 인생이라는 긴 랠리를 이어갈 것이다.

배드민턴을 시작한 지 어느덧 3년이 흘렀다. 3년의 시간 동안 배드민턴은 나에게 단지 운동이 아닌, 내 삶의 방향을 다시 정립할 수 있는 소중한 과정이었다. 나는 이 글을 배드민턴을 처음 시작하는 사람들, 그리고 이 스포츠를 사랑하는 모든 이들에게 바치며, 진심 어린 응원의 마음을 전하고 싶다.

행복은 랠리
걱정은 스매싱

1판 1쇄 2025년 3월 28일

저자 하정윤
발행인 이경화

발행처 디자인21
주소 04560 서울특별시 중구 퇴계로 293-1(3층)
전화 02-2269-6561(대)
팩스 02-2269-6568
e-mail 21publish@naver.com
블로그 https://blog.naver.com/publish21
인스타 https://www.instagram.com/21publish.co.kr
홈페이지 https://21publish.co.kr

등록번호 제1-1128호
등록일자 1991. 2. 12

ISBN 978-89-6131-173-1 03810

정가 16,000원